KB270536

다락원 | Spark Publishing

감시와 처벌

Discipline and Punish

미셸 푸코

다락원 | Spark Publishing

SPARKNOTES™ 006

감시와 처벌

펴낸이 정규도
펴낸곳 (주)다락원

초판 1쇄 인쇄 2009년 2월 10일
초판 3쇄 발행 2016년 9월 26일

책임편집 안창열
디자인 정현석
번역 고광식
표지삽화 손창복

다락원 경기도 파주시 문발로 211
내용문의: (02)736-2031
구입문의: (02)736-2031(내선 250~252)
Fax:(02)732-2037
출판등록 1977년 9월 16일 제300-1977-23호

Copyright © 2012, 다락원

값 7,000원

ISBN   978-89-5995-171-0 43740

http://www.darakwon.co.kr
일이관지(一以貫之) 논술팀이 제시한 실전 연습문제 답안작성
논술가이드는 www.darakwon.co.kr에서 무료 제공합니다.

세계의 교양을 읽는다

고전을 왜 읽는가?

인간의 삶과 세상에 대한 영원한 물음이 있기 때문이다. 시대와 사상을 뛰어넘어 지금 여기 우리에게 필요한 물음이 없는 고전은 더 이상 고전이 아니다. 인간과 삶에 대한 근원적인 물음 없이 고전을 읽는다면 자신과 인간에 대한 성찰과 지혜로 이어지지 않는다. 논술 시험 때문에, 과제물 때문에, 아니면 남들이 읽으니까, 나도 읽는다는 식이라면 그 책은 죽은 책일 수밖에 없다.

고전을 살아 있는 책으로 만드는 이 '물음!'에 답하기 위해서는 좋은 길잡이가 필요하다. 오랜 기간 동안 미국의 고교생과 대학 주니어들이 시험, 에세이 작성, 심층토론 준비를 위해 바이블처럼 애용해온 'SPARKNOTES'와 'CliffsNotes'는 바로 그런 좋은 길잡이의 표본이다. 이 두 시리즈가 원조 논술연구모임인 '일이관지(一以貫之)' 팀의 촌철살인적 해설을 곁들여 논술로 고민중인 대한민국 학생 여러분을 찾아간다.

SPARKNOTES와 CliffsNotes의 가장 큰 장점은 방대하고 난해한 고전을 Chapter별로 요약하고 분석해서 원전의 내용에 보다 쉽고 체계적으로 접근하는 신속·간편성이라고 할 수 있다. 여기에 '一以貫之' 팀이 원전의 중요한 문제의식, 즉 근원적 '물음'은 무엇이며, 그 '물음'은 오늘날에도 여전히 유효한가, 라는 질문을 다시 던진다.

대입논술로 고민하고, 자칭 타칭의 고전이 넘쳐나는 오늘의 독서풍토에서 지적 정복이 긴박한 대한민국 학생들에게 감히 이 시리즈를 자신있게 권한다.

一以貫之 논술연구모임 연구실장 이호곤

차례

이 책의 구성

SPARKNOTES와 CliffsNotes는 방대하고 난해한 원작을 보다 쉽게 이해할 수 있도록 돕는 안내서입니다. 여기에는 원작 이해를 돕기 위해 매 장마다 '요점 정리(또는 줄거리)'와 '풀어보기'가 실려 있습니다. '요점 정리(또는 줄거리)'에는 원저의 내용을 일목요연하게 정리해 놓아 저자가 전달하려는 내용을 어렵지 않게 파악할 수 있습니다. '풀어보기'에서는 철학서의 경우, 원저에 담긴 저자의 사상이나 관련 철학, 시대 상황, 논점 등을, 문학 작품인 경우에는 원작에 담긴 문학적 경향, 등장인물의 심리상태, 주제 등을 설명해 놓았습니다. 분석적이고 비판적인 글읽기의 바탕이 되는 요소들이죠. 비소설이나 소설을 막론하고 분석적이고 비판적인 글읽기는 독자에게 꼭 필요한 자질입니다.

그밖에도 원저를 좀더 깊이 복습해서 제대로 소화할 수 있도록 돕기 위해 'Study Questions'와 'Review Quiz' 등을 마련해 놓았습니다.

* 〈 〉는 철학서, 장편소설, 중편소설, 수필집, 시집. " "는 단편소설, 논문
* 작품명은 독자의 이해를 돕기 위해 예외적인 경우를 제외하고는 영어식으로 표기함.

○ 일이관지(一以貫之) 논술노트

권말에는 일이관지 논술팀에서 작성한 논술노트가 실려 있습니다. 원저를 우리의 삶과 연계시켜 비판적 사고와 논리적 글쓰기의 방향을 제시합니다.

○ 실전 연습문제

논술예제와 기출문제를 통해서는 원작을 바탕으로 출제 가능성이 높은 논점을 함께 숙고해 봅니다.

간추린 명저 노트

미셸 푸코 Michel Foucault는 1926년 10월 15일 프랑스의 푸아티에서 태어났다. 그의 아버지는 의사였다. 고향에서 평범한 교육을 받으며 성장한 푸코는 1946년에서 50년까지 명문 파리고등사범학교(에콜 노르말 쉬페리외르. ENS)에서 철학과 심리학을 공부했고, 한동안 공산당에서 활동하기도 했다. 그는 당시에 생트 안느 정신병원의 진료소에서 환자들을 관찰했고, 졸업 후에는 릴 대학에서 심리학을 가르쳤다. 1955년, 프랑스 문화대표단 대표로 스웨덴 웁살라에 파견된 그는 웁살라 대학교에서 첫 번째 저서인 〈광기와 문명 *Madness and Civilization*〉의 상당 부분을 썼다. 이후 그는 폴란드와 함부르크로 배속되었다.

1960년 박사학위 논문으로 제출되었던 〈광기와 문명〉은 1961년에 출간되었다. 푸코는 1960년부터 클레르몽 페랑 대학교 교수로 임용되어 철학과 심리학을 가르쳤다. 이 사실은 그의 경력이 대중지식인으로 시작되었다는 점을 잘 보여준다. 그는 프랑스 비평지 텔크의 편집위원으로 일하면서 〈레이몽 루셀 *Raymond Roussel*〉(1963), 〈임상병원의 탄생 *Birth of the Clinic*〉(1963), 〈사물들의 층위 *The Order of Things*〉(1966), 〈지식의 고고학 *The Archeology of Knowledge*〉(1969), 〈감시와 처벌 *Discipline and Punish*〉(1975), 〈성의 역사 *The History of Sexuality*〉(3권. 1976, 1984, 1984) 등을 집필했고, 1970년에 명문 콜레주 드 프랑스의 사상사 교수로 임용되기 전까지 튀니지와 벵센느 대학교에서 학생들을 가르쳤다.

지성인이자 철학자, 정치행동가였던 푸코는 알제리 전쟁, 인종차별주의, 베트남 전쟁에 반대하고, 감옥 개혁에 찬성하는 등, 광범위한 분야에서 저항과 사회 운동을 펼쳤고, 1970년대의 대부분은 정치적인 일에 전념했다. 학창시절부터 공공연하게 동성애를 나눴던 그는 동료인 다니엘 드페르와 함께 살았으며, 에이즈에 감염되어 1984년에 세상을 떠났다.

역사적 · 철학적 상황

푸코의 지적 계보는 추적하기가 대단히 어렵다. 전 생애를 통해 자신을 어떤 특별한 운동에 연결시키려는 시도를 적대시했던 그는 어떤 점에서는 스스로를 칸트의 비판철학이나 은사인 조르주 캉길렘이 실천한 과학사와 연결지었다. 따라서 누가 그의 작업에 영향력을 미쳤는지를 측정하기란 매우 복잡하다. 〈감시와 처벌〉은 특히 니체, 구조주의*, 그리고 푸코의 정치적 행동주의로부터 중요한 영향을 받았으나 어느 것도 그의 의도를 온전히 설명하지는 못한다.

니체가 특히 푸코의 학창시절에 미친 영향은 지대하다. 푸코는 니체 덕분에 자기가 1940년대와 50년대에 프랑스의 가장 유력한 지적 조류였던 헤겔 철학과 사르트르의 실존주의와 마르크스주의에서 벗어났다는 생각까지 했을 정도다. 니체는 〈광기와 문명〉에 나오는 푸코의 광기 개념에도 영향을 미쳤다. 간단히 말하자면, 니체 철학은 점증하는 종교와 도덕의 위기, 그리고 종교에 대한 뿌리 깊은 적대감을 강조하고 있었다. 아마도 그는 "신은 죽었다"라고 주장하며 어떻게 인간이 이 상황을 넘어 진보할 수 있는지를 암시한 최초의 철학자일 것이다. 이 방식들 속에는 인간과 자연 세계에 대한 좀더 긍정적인 재해석과 도덕의 계보에 대한 추적이 포함되어 있었다. 계보의 개념은 어쩌면 니체가 푸코에게 남겨준 중요한 유산일지 모른다. '삶의 관점'에서 도덕을 재해석하려고 했던 니체의 '도덕의 계보'란 개념은 삶에서 떨어져나간 '무리의 도덕성'보다는 오히려 생

---

* **구조주의**(structuralism): 사물의 참된 의미는 사물 자체의 속성과 기능이 아니라 전체 체계 속에서의 사물들 사이의 관계에 따라 변하고 규정된다는 인식을 전제로, 개인의 인식과 행위들의 최종적 성격을 규정하는 총체적 구조와 체계의 원리를 탐구한 철학 사상.

명을 고양시킨 자질들을 찬양했다. 푸코의 작업에서 계보학은 비판적 시각으로 다양한 담론을 조사해 보려는 하나의 시도가 되었다. 푸코는 "니체, 계보학, 역사 *Nietzsche, Genealogy, History*"에서 니체의 역사 개념을 나름의 방식으로 해석하고 있다.

구조주의라고 알려진 느슨하게 정의된 운동과 푸코의 관계는 복잡하다. 그는 여러 차례에 걸쳐 스스로 구조주의자가 아니라고 말했지만 많은 비평가들은 그의 작업을 레비 스트로스, 롤랑 바르트, 자크 데리다, 라캉 같은 구조주의 사상가들의 작업과 연결시켰다. 하나의 운동으로서의 구조주의는 특별한 철학 구조와 언어의 체계들을 연구하려고 했다. 구조주의는 언어에서 '기호들'의 역할을 강조했던 언어이론가 소쉬르의 작업에서 유래된다. 그 기호들은 한 단어를 '의미하는' 소리들과 그 기호들이 의미하는 대상이나 개념으로 구성되어 있다. 말과 언어는 다양한 기호들의 복잡한 상호작용인 것이다. 소쉬르는 언어의 역사에 공시적(共時的) 접근법과 통시적(通時的) 접근법을 주장했다. 공시적 연구는 시간 속의 특정 순간에서의 구조들을 다루고, 반면에 통시적 접근은 역사적이다.

예를 들면, 언어의 역할과 개인을 통제하는 권력 체계에 기울인 관심처럼 수많은 푸코의 관심사는 '구조주의자'처럼 묘사될 수도 있다. 더욱 중요한 점은 그가 말하는 개인이란 개념이 많은 구조주의자들의 그것과 닮았다는 사실이다. 비록 푸코의 많은 작업이 특별한 담론의 함정에 빠진 개인들에게 어떤 '목소리'를 주려는 목적을 갖고는 있지만, 인간 본질이나 인간이란 보편적 개념은 무의미하다. 그에게는 인간을 통제하고 창조해내는 더 넓은 구조들이 더욱 중요한 것이다. 〈감시와 처벌〉은 감옥을 '구조주의적으로' 해석한다고 주장하지는 않지만, 이런 식으로 읽으면 유용할 수도 있다. 그러나 푸코를 편협한 철학적 범주에 밀어 넣지 않도록 주의해야 한다. 그의 작품을 해석할 때는 정의(定意)에 저항하는 그의 의도가 중요하기 때문이다.

푸코는 프랑스의 감옥개혁운동인 감옥정보집단(Groupe d'information sur les prisons)에 참여하면서 보다 직접적인 영향을 받았다. 정치행동가인 그는 미국과 프랑스의 감옥을 방문하고 소책자도 쓰면서 감옥 상황을 공개적으로 논했다. 이 같은 경험이 〈감시와 처벌〉을 집필하게 만든 유일한 이유는 아니지만 감옥 생활에 대한 견해가 순전히 이론에만 그치는 것은 아니란 사실을 분명히 보여준다. 이 책은 푸코가 본 것에 대해 이론적 근거를 부여하고, 그가 방문한 장소들에 대한 상황과 구조들을 사회의 권력작용이란 관점에서 여러 모로 설명하려는 시도인 것이다.

푸코의 영향력은 대단하다. 특히 미국에서는 다른 철학자들과 역사가들이 그의 용어를 채택하고 있다는 점에서 그 같은 사실이 아주 뚜렷하게 드러난다. 담론, 그리고 권력과 지식 사이의 관계라는 개념은 특히 커다란 영향력이 있다. 철학자들은 사상사(思想史), 페미니즘, '후기 구조주의'(푸코는 이 개념을 결코 사용하지 않음) 같은 다른 영역에도 푸코의 몇몇 방법론을 적용하려고 시도했다. 아마 틀림없이 많은 작가들이 그 함의를 고려하지 않고 그렇게 했을 것이다. 그 결과, 1980년대와 90년대의 인기 이론가로서의 푸코의 역할로 인해 그의 영향을 받았다고 주장하는 좋지 않은 책들이 많이 나왔다.

푸코의 방식에 대한 비판 역시 널리 퍼져 있다. 전통적으로 역사가들은 푸코가 증거를 잘못 다루고 다양한 영역에서 이루어진 이전의 작업들을 무시한다고 비판한다. 이것은 주석과 인용을 대수롭지 않게 생각하는 전설적인 그의 성향과 관계가 있을지 모른다. 〈감시와 처벌〉은 비교적 가볍게 탈출을 시도하지만 만만찮은 반대 세력이 푸코와 싸우려고 줄지어 있다. 그가 지닌 난해함, 전통적 제도에 대한 적의(敵意), 그리고 단정치 못한 학식 때문에 그에게 애정을 느끼지 못하는 사람들도 있다는 것. 실제로 '푸코 타도는 미국 학계가 가장 선호하는 실내 스포츠'라고 말한 비평가까지 있을 정도.

칸트(Immanuel Kant. 1724-1804): 독일 철학자. 데카르트의 합리주의(도리·이성·논리가 일체를 지배한다고 보고, 비합리와 우연적인 것을 배척)와 베이컨의 경험주의(관찰과 실험을 중시)를 종합해 비판철학을 탄생시켰다. 주요 저서는 〈순수이성비판〉, 〈실천이성비판〉 등.

조르주 캉길렘(Georges Canguilhem. 1904-95): 프랑스 철학자, 의사. 생명에는 내재하는 규범이 있다며, 생명을 물리·화학적인 현상으로 해소하려는 기계론을 거부함으로써 현대 의학에 대한 철학적 반성의 실마리를 제공했다. 주요 저서는 〈정상과 병리〉 등.

니체(Friedrich Wilhelm Nietzsche. 1844-1900): 유럽의 전통적인 종교, 도덕, 철학에 깔려 있는 근본 동기를 밝히려고 노력했으며, 계몽주의가 가져온 결과를 반성했다. 주요 저서는 〈차라투스트라는 이렇게 말했다〉, 〈선과 악을 넘어서〉, 〈도덕의 계보〉 등.

헤겔(Friedrich Hegel. 1770-1831): 칸트 철학을 계승한 독일 관념론의 대성자. 합리주의적 계몽사상의 한계를 통찰하고 역사의 의미에 눈을 돌렸다. 모든 인식이나 사물은 정(正)·반(反)·합(合)의 3단계를 거쳐 전개된다는 변증법이 그의 철학과 논리학의 핵심. 주요 저서는 〈정신현상학〉 등.

사르트르(Jean-Paul Sartre. 1905-80): 프랑스 철학자, 작가. 인간의 본질을 결정하는 신은 존재하지 않으므로 개인은 스스로 인간의 존재 방식을 선택하도록 운명 지어져 있다고 주장했다. 1964년 노벨상 수상 거부. 주요 저서는 〈존재와 무〉, 소설 〈구토〉 등.

레비 스트로스(Cloude Levi-Strauss. 1908-91): 프랑스 인류학자. 구조주의적 방법을 원용해 신화와 상징, 친족관계 등을 탐구함으로써 인류 사회, 나아가 인간 정신의 보편적이고 불변하는 구조를 밝혀내려고 했다. 주요 저서는 〈슬픈 열대〉 등.

롤랑 바르트(Rolant Barthes. 1915-80): 프랑스 구조주의 철학자, 비평가. 문학과 사회의 여러 현상에 숨어 있는 기호작용을 분석하는 기호학의 개척자. 주요 저서는 〈모드의 체계〉 등.

라캉(Jacques Lacan. 1901-81): 프랑스 정신분석학자, 철학자. 인간의 욕망과 무의식이 언어를 통해 나타난다고 주장하며, 무의식의 고유한 논리적 구조를 언어학적 방법으로 분석했다.

소쉬르(Ferdinand de Saussure. 1857-1913): 스위스 언어학자. 기호학과 현대 언어학의 토대가 된 중요한 이론들을 발표했으며, 구조주의적 인식의 바탕을 마련했다. 1916년 제자들이 그의 강의 노트를 재구성해 〈일반언어학 강의〉란 책을 출간했다..

　〈감시와 처벌〉은 현대 형벌체계의 역사다. 푸코는 사회적 맥락에서 처벌을 분석하고 변화하는 권력관계가 어떻게 처벌에 영향을 주는지를 조사하려고 한다. 그는 공개적인 형 집행과 신체형이 주요 처벌이었고 대부분의 범죄 심문에서 고문이 수시로 자행되던 18세기 이전의 상황을 분석하면서 글을 시작한다. 처벌은 의례적이었고 수형자의 육체에 가해졌으며, 청중이 없으면 안 되는 하나의 의식(儀式)이었다. 공개적인 형 집행은 왕의 권력과 권위를 재확립시켜주었다. 대중문학은 형 집행을 상세히 묘사했고, 대중은 거기에 흠씬 빠져들었다.

　18세기에는 처벌의 개혁에 대해 다양한 요구가 나타났다. 푸코에 의하면, 그것은 개혁가들이 수형자들의 행복에 관심을 가져서라기보다는 좀더 효과적으로 권력을 작용하도록 만들고 싶어서였다. 그들은 (처벌의) 묘사와 징후들의 복잡한 전체 체계가 공개적으로 상연되는 처벌극장을 제안했다. 명백하게 수형자들의 범죄와 연관되었던 처벌들은 법률위반을 막는 역할을 했다.

　감옥이란 것은 아직 형벌로 생각되지 않았다. 세 가지 새로운 형벌 모형은 형벌로서의 감옥에 대한 반대를 극복하는 데 도움이 되었다. 그럼에도 불구하고 이러한 종류의 강압적인 기구와 그 이전의 형벌 도시 사이에는 엄청난 차이가 존재했다. 그 방식은 17세기와 18세기에 규율이 발전하면서 감옥에서 쓰려고 준비되었다. 규율이란 신체의 활동을 통제할 수 있는 일련의 기술로서, 개인에게 움직임과 시간적·공간적 체험을 강요하고 조정함으로써 작동되었고, 시간표와 군대식 훈련, 그리고 그것의 집행과정 같은 장치를 통해 그 목적을 달성했다. 규율을 통해 대중들로부터 개인들이 창조되었다. 규율권력은 계층적인 관찰, 규범적 판단과 시험이라는 세 가지 요소를 갖고 있다. 관찰과 주시(注視)는 권력의 주요 도구다. 이런 과정들과 인문과학을 통해 규범이란 개념이 발전했다.

규율권력은 어떻게 개인들을 효과적으로 감시하고 통제할 수 있는지를 보여주는 벤덤*의 일망 감시시설(원형감옥. panopticon)에 의해 구현되었다. 사회에는 원형감옥을 본뜬 제도들이 퍼져나가기 시작했다. 감옥은 이 같은 감시 개념으로부터 발전한다. 감옥은 개인의 자유를 박탈하고 그를 개혁시키기 위한 것이다. 그 다음 발전 단계는 감옥에 작업장과 병원을 결합시킨 감화원이다. 감화원은 범죄자를

---

* **제레미 벤덤**(Jeremy Bentham. 1748-1832): 영국 정치학자, 철학자. "최대 다수의 최대 행복"으로 집약되는 공리주의의 창시자. 주요 저서는 〈도덕과 입법의 원리〉 등.

비행자(非行者)로 대체시킨다. 비행자는 대중의 불법행위가 변화하자 그 대응책으로 그들의 행위를 통제하고 사회로부터 밀어내기 위해 만들어졌다.

감옥이 실패했다는 비판은 요점을 간과한 것이다. 실패 역시 감옥이 지닌 본질의 일부이기 때문이다. 실패와 작용이 결합된 그 과정이 감금체계다. 감옥과 감금체계의 목적은 범죄를 구조화하고 통제하는 수단으로서 비행(非行)을 만들어내는 것이다. 이런 관점에서 보면 그것들은 성공을 거두었다. 감옥은 사회 전체에 퍼져 있는 권력망의 일부이고, 오로지 전략들이란 규칙에 의해서만 통제된다. 감옥을 폐지하라는 요구들은 현대 사회에 뿌리내린 감옥의 깊이나 진정한 기능을 제대로 인식하지 못하는 것이다.

● **감금체계** the carceral system | 〈감시와 처벌〉을 설명할 목적으로 도입된 복합체계. 이 체계를 통해 현대 감옥의 작용과 실패를 설명하고자 한다. 여기에는 감옥의 건축 양식, 규칙과 직원이 포함되며, 감옥 자체를 넘어 사회 속까지 파고들며 확장된다. 이 체계의 구성요소는 감옥의 규율, 수형자를 관리하는 합리적인 기술 발전, 범죄의 증가와 개혁 전략이다. 따라서 감금체계는 감옥의 실패와 개혁을 동시에 내포하고 있으며, 실패가 감옥 작동의 본질적 부분이기도 하다고 푸코는 주장한다. 비행자 참고.

● **고전주의 시대** the classical period | 1660년부터 19세기 말까지의 기간. 푸코의 대부분 작업이 그렇듯 〈감시와 처벌〉도 주로 이 시대를 언급한다. 푸코는 고전주의 시대를 통제 구조와 인문과학뿐만 아니라 현대의 수많은 특징적 제도들과 구조들이 탄생된 시기로 여긴다.

● **비행자**(非行者) delinquent | 푸코에 의하면 결과적으로 이 비행자의 개념이 '범죄자'의 개념을 대체한다. 비행자는 감금체계의 작용과 인문과학에 의해 만들어지고 대중들의

여타 불법행위들과 엄격히 구분된다. 비행자는 하층 계급과 겹치는 상습적인 소규모 범죄자 집단의 일부다. 무엇보다 중요한 것은 비행자가 '비정상'이라고 정의되어 푸코가 묘사하는 구조에 의해 분석·통제된다는 점이다. 범죄자를 비행자로 대체시키면 여러 가지 이점이 있다. 비행자들이 나머지 사회와 확실히 격리되면서 감시와 통제가 쉬워지는 것. 통제된 소규모 집단은 대규모의 떠돌이 도적떼나 강도떼 혹은 혁명적인 군중보다 대처하기가 훨씬 용이하다. 부분적으로 비행자의 등장은 19세기의 하층 계급이 드러내는 위험에 대한 반응이었다고 푸코는 주장한다.

● **규율** discipline | 끊임없이 신체의 움직임과 작용을 통제하는 하나의 방식. 그것은 신체의 운동, 신체가 움직이는 공간과 시간을 조절하고 배분함으로써 신체를 억압하는 권력의 유형이다. 군인들이 따라야 하는 일과표와 상히권계기 이 같은 규제의 예들이다. 규율은 이런 통제들을 가능케 하는 방법들인 것이다. 푸코는 규율의 기원을 수도원과 군대에서 찾으면서도 이 개념이 18세기에 변화되었다고 분명히 말한다. 이를테면, 전체 대중을 통제하기 위해 널리 사용되는 기술이 되었다는 것. 현대의 교도소와 사실상 현대 국가도 신체와 움직임에 대한 집단 통제라는 개념이 없이는 생각할 수조차 없다.

● **담론** discourse | 푸코가 자신의 모든 작업에서 분석하는 기본 단위. 그의 정의에 따르면, 그 안에서 어떤 지식이 가능한 하나의 체계로, 어떤 특별한 영역에서 무엇이 진실이고 거짓인지를 결정한다. 예를 들면, 정신의학의 담론은 광기에 대해 알 수 있는 것을 결정한다. 담론 밖에서 사물들에 대해 이야기하는 것은 거의 불가능하다. 감옥에 대한 푸코의 논거가 좋은 예다. 감옥의 폐지를 상상할 수 없는 이유는 부분적으로 그 대안을 표현하는 말이 우리에게 없기 때문이다. 감옥은 처벌이라는 현대 담론의 중심에 있는 것이다.

● **훈련** exercise | 푸코는 훈련의 기원을 수도원과 수도승들의 활동에서 찾고 있다. 초기 형태에는 하느님을 기쁘게 하고 구원을 얻기 위해 신체에 종교적 활동을 부과함으로써 신체를 조절하는 것이 들어 있었다. 고전주의 시대에는 그 개념이 신체를 통제하기 위해 신체에 점점 더 많은 복합 활동을 가하려는 시도를 가리키는 것으로 변했다. 군대 훈련이나 학교 체육이 이 같은 후기 형태의 훈련 예들이다.

● **계보학** genealogy | 원래는 니체의 〈도덕의 계보 *Genealogy of Morals*〉에서 빌려온 개념이지만 푸코 나름의 방식으로 사용했다. 지식체계의 기원을 고찰하고 담론

을 분석하기 위한 하나의 시도로서, 담론에서의 불연속성과 틈새를 밝혀내고, 전체적인 것보다는 특정한 것에 초점을 맞춤으로써 다른 사고와 행동 방식이 존재했으며 현대의 담론이 예전의 담론보다 더 진실할 것이 없다는 점을 보여주려고 한다. 계보학의 가장 중요한 목적은 수많은 현대의 개념들이 자명한 '진실'이 아니라 권력 작용의 산물임을 보여주려는 것이다. 푸코의 계보학은 그 같은 지식체계로 인해 함정에 빠지거나 배제된 개인들에게 말을 할 수 있게 해주는 것이 목표이고, 〈감시와 처벌〉이 지닌 목적 가운데 하나는 비정상적인 사람으로 분류되어 범죄학자와 교도관들에게 검사받고 분석되는 현대의 수형자들에게 제 목소리를 내게 하는 것이다. 계보학은 불연속성을 매우 강조한 〈사물들의 층위〉에서 발견되는 푸코의 '고고학'에 대한 개념과 어느 정도 유사하다.

● **인문과학** the human sciences | 인간을 주제로 삼는 지식의 체계나 학문. 정신의학, 범죄학, 사회학, 심리학, 의학 등. 인문과학은 모두 규범의 관점에서 인간 행동을 통제하고 기술(記述)하는 권력체제를 창조하고, '정상적'인 것을 설계함으로써 비정상이나 일탈의 개념도 만들어낸다. 푸코가 하는 작업의 상당부분은 어떻게 이 같은 범주들이 현대생활을 구조화하는지를 분석하려는 시도다. 규범 참고.

● **규범** norm | 인문과학이 만들어낸 평균적인 표준이며, 모든 사람이 이것에 의해 측정된다. 온전한 사람, 법을 지키는 시민, 고분고분한 어린이들은 모두 '정상적'인 사람이다. 그러나 '정상적'이란 개념은 비정상적인 사람의 존재를 함의(含意)하기도 한다. 정신병자, 범죄자, 일탈자(逸脫者)들은 동전의 뒷면인 셈. 일탈의 개념은 규범이 존재하는 곳에서만 가능하다. 푸코에게 규범들이란 우리를 평가하고 통제하기 위해 끊임없이 사용되는 개념들이다. 규범들 역시 '정상적인' 범주에 들지 않는 사람들을 배제한다. 이처럼 규범들은 회피할 수 없지만 얼마간은 해로운 현대 사회의 자질들이다. 인문과학 참고.

● **형벌** penalty | 사회가 사용하는 신문(訊問)과 처벌의 특별한 체계로서, 법을 어기는 사람들을 다루고 검사하는 모든 양상들을 포함한다. 〈감시와 처벌〉에서 푸코가 도표로 보여주는 현대적 형벌체계의 발전은 감옥, 관찰, 그리고 죄수에 대한 통제에 근거하고 있다.

● **감화원** penitentiary | 사람들에게서 단순히 자유를 빼앗는 것보다 더 많은 것을 시행하는 감옥. 수형자들에게 노역을 시킬 뿐만 아니라 그곳의 진료소에서 관찰하고 치료한다. 작업장, 병원, 감옥의 결합은 푸코가 현대 감옥체계를 정의

하는 특질이다. 감화원 역시 비행자를 만들어내는 중요한 역할을 담당한다.

● **권력** power | 푸코의 권력 개념은 이 작품의 중요 요소다. 본질적으로 권력은 일방이 타방의 행동에 영향을 미치는 사람들 사이의 관계로서, 육체적으로 영향을 주는 힘이나 폭력과는 다르며, 자유로운 주체가 다른 방법으로는 하지 않을 무언가를 하게 만드는 것이다. 따라서 누군가의 의지를 제약하거나 변경시키는 것과 연관이 있다. 권력은 모든 인간관계에 존재하고 전 사회에 스며들어 있다. 권력관계는 철저히 불안정하고 변화하기 때문에 국가가 독점권을 갖고 있지 않다. 기술한 바와 같이 지배의 전형이 사회 속에 존재한다. 예를 들면, 현대의 처벌권력은 인문과학의 활동을 통해 확립되었다.

권력과 지식은 매우 중요한 관계다. 인문과학은 지식과 권력을 동시에 소유하고 있기 때문에 사람들을 통제하고 배제할 수 있다. 어떤 진술의 진실성을 주장하는 것은 권력의 소유권을 주장하는 것이나 마찬가지다. 진실은 오로지 권력에 의해서만 생성될 수 있기 때문이다. 예를 들어 범죄학에서 비행자를 배제시키는 주장을 할 수 있는 이유는 권력관계의 체계가 비행자가 지배받는 상황에서 존재하기 때문이다.

철학적 주제들, 개념들, 그리고 논거(論據)들

권력과 지식

권력과 지식의 관계는 푸코의 작업에서 중요하다. 본질적으로 〈감시와 처벌〉은 처벌권력의 재편, 그리고 이 권력을 강화하고 이 권력과 상호작용하는 다양한 지식체계(인문과학)의 발전을 도표로 나타낸다. 현대의 처벌권력은 엄격한 기술적 방법에 따라 시간과 공간에서 신체를 감시하고 조직하는 데 바탕을 두고 있다. 푸코가 기술하는 현대의 지식은 인간의 본질과 행동에 연관된 것으로서 규범에 견주어 판단된다. 푸코가 말하려는 요점은 권력과 지식은 서로 다른 하나가 없으면 존재할 수 없다는 것이다. 권력과 처벌기술은 개인들을 분류하고 창조해내는 지식에 의존하고, 지식은 그 권위를 권력과 지배의 어떤 관계에서 이끌어낸다.

신체

신체는 영향을 받는 대상으로서 뿐만 아니라 '정치적 기술'의 주체로서 이 작품 속에서 내내 등장한다. 푸코는 신체가 소름끼치는 모습으로 내보여지는 공개처형부터 시작해서 신체가 더 이상 직접적으로 영향을 받지 않는 상황으로 전이되는 것을 도표로 나타낸다. 신체는 항상 처벌에 의해 영향을 받겠지만—비육체적 처벌은 상상할 수 없기 때문—푸코에 따르면, 현대적 체계에서는 고문보다는 준비되고 조절되고 감시받는다. 동시에 형벌과정의 전체적인 목표는 신체에 대한 처벌보다는 정신 개조가 된다. 그 결과, 개인과 비행자란 개념들이 실제 신체를 대신해 관심의 초점이 되지만, 범죄자의 신체는 여전히 어떤 역할을 하고 있다. 이 작품에서 일관적이라고 할 만한 것이라면 신체와 처벌이 밀접하게 연결되어 있다는 생각이다.

정신의 역사

푸코가 〈감시와 처벌〉에서 계획한 일은 현대의 형벌체계에 대한 설명이지만, 현대의 정신에 대한 계보학적 설명도 제시한다. 이것은 정신이 점차 신체를 대신해 처벌과 개혁의 초점이 된 사실뿐만 아니라 현대적 규율과정이 본질적으로 그 정신을 창조한 사실에 기인한다. 인문과학, 그리고 관찰과 시험의 다양한 구조가 없었다면 정상적인 정신이나 마음은 존재하지 않을 것이다. 정신병, 양심, 선한 행동 같은 개념들은 권력과 지식의 특별한 통치양식에 의해 창조된 결과물이다. 푸코에게는 이 같은 통치양식을 검사하는 것이 우리의 정신을 깊이 들여다보는 하나의 방식이다. 그가 보는 정신의 역사는 강렬한 비평이기도 하다. 우리 사회의 어떤 요소들을 배제하고 무시함으로써 만들어진 우리 모습을 직면하게 해주기 때문이다.

감옥과 사회

감옥과 더 넓은 사회가 갖는 관계는 아무리 강조되어도 부족하다. 푸코가 보는 감옥은 도시의 외곽에 자리한 주변 건물이 아니고 도시와 밀접하게 통합되어 있다. 권력과 지식의 똑같은 '전략들'이 두 곳에서 모두 작용하며, 규율의 장치가 비행자뿐만 아니라 시민도 통제한다. 실제로 푸코가 묘사한 관찰과 통제의 방법들은 수도원, 병원, 군대에서 유래했다. 이 부분은 우리가 감옥을 폐쇄할 수 없다는 푸코의 주장과 연관이 있다. 왜냐하면 처벌을 생각하고 시행하는 우리의 방식들이 감옥의 폐쇄를 허용하지 않기 때문이다. 감옥이란 전 사회로 퍼져 침투하고 스며드는 '감시망'의 일부인 것이다.

Chapter별 정리 노트

Chapter 1
수형자의 신체

: 요점정리

푸코는 1757년의 공개 처형과 1837년의 감옥 규칙을 대조하면서 책을 시작한다. 두 가지 사이의 변화는 그동안 새로운 법과 질서의 규정들이 어떻게 발전했는지를 보여준다. 한 가지 주요 특질이라면 고문이 없어지고, 범죄자의 신체가 시야에서 사라졌다는 점이다. 구경거리로서의 처벌이 사라지면서 범죄자 공개, 죄인 목에 칼 씌우기, 공개 처형은 종말을 고했다. 형벌의 주요 대상으로서의 신체가 없어졌다는 것. 이제는 처벌에 대한 공포가 아니라 처벌의 확실성이 개인의 범행을 막아준다. 유죄 선고를 통해 수형자를 규정하고, 공개 처형은 재판과 판결의 공개 쪽으로 옮겨간다.

여기서 하나의 이론적 재조정이 생겨난다. 이제 판결은 범죄자를 교정하고 개선시키기 위한 것이고, 처벌은 더 이상 신체가 아니라 신체를 넘어선 정신만 건드린다. 의사,

정신병 의사, 성직자, 간수 같은 새로운 인물들이 사형집행인들로부터 업무를 넘겨받는다. 사형 집행은 약물에 의해 고통 없이 이루어졌다. 고통의 제거와 구경거리 종식은 연관된 것이었다. 신체를 거의 접촉하지 않고 사람을 죽이는 단두대 같은 기구는 개인 감정을 배제시키고 고통을 없애기 위한 것이었다. 1830년과 1848년 사이에 공개 처형이 없어졌지만, 매우 불규칙하고 시간이 걸린 과정이었다. 그러나 비육체적인 처벌을 생각해내기가 어려웠기 때문에 고문의 자취는 남아 있었다.

처벌은 정신에 가해졌다. 비록 범죄의 정의는 변했지만 몇몇 요소들은 여전히 그대로 남아 있었다. 범죄자의 동기, 격정, 본능에 대해 내려진 판결은 개인을 처벌할 뿐만 아니라 감시하고 감독도 했다. 범죄는 과학적 지식의 대상이 되었다. 유럽에서 발전한 새로운 형벌 체계는 판결 받을 범죄뿐만 아니라 범죄자의 정신도 고려했다.

처벌 권력은 여러 개로 나뉘었다. 정신병 의사들이 범죄자에 대한 법의학적 치료를 결정한다. 이러한 법률 외적인 요소들의 채택은 행동, 즉 판결하는 사람이 판사만이 아니라는 의미였다.

이 책은 근대적 정신과 사법 권력의 상관적 역사를 밝히는 계보학이다. 이 계보학은 네 가지의 일반 규칙을 따른다. 첫째, 처벌을 복합적인 사회 기능으로 간주한다. 둘째,

처벌을 정치적 책략으로 간주한다. 셋째, 형법의 역사와 인문과학의 역사가 연결되어 있는지를 살펴본다. 넷째, 형사재판에서 과학적인 지식의 개입은 권력 관계에 의해 신체가 장악되는 수단의 변화로 초래된 것은 아닌지 탐구하려고 노력한다. 이것은 처벌 제도를 생산 체계와 신체에 관한 일종의 정치경제학 안에서 재정립해야 한다는 말이다. 역사가들은 신체를 생물학적 이외에 정치적 관계나 권력 관계의 대상으로는 고려하지 않았다. 그러나 신체는 정치 영역 속에 들어가 있기 때문에 권력 관계가 직접적으로 영향력을 미쳤고, 신체에 대한 정치적 공격은 복합적이고 상호적인 여러 관계에 의해 신체의 경제적 활용과 연결되었다. 여기서는 생산하고 복종하는 신체인 경우에만 유익한 힘이 되는 셈이다. 그 복종을 교묘하게 강제하기 위해 존재하는 신체 기능의 과학이라고는 할 수 없는 신체의 지식과 체력을 지배하는 능력 이상의 것인 통제가 신체의 정치학적 기술론의 내용이다. 그러나 우리는 기술론을 일정한 유형의 제도나 국가 기구의 형태 안에서 찾아낼 수는 없다. 보다 중요한 것은 국가 기구와 제도가 작용시키는 권력의 '미시물리학'이다. 권력은 전략이고, 우리는 소위 정치해부학이라는 관계들의 체계 안에서 그것을 해독해야 한다. 권력은 하나의 소유물이 아니라 사람들 사이의 관계에 명백히 존재하는 전략이다. 권력 관계는 사람들을 통해 작동하고 존재하며, 곧장 사회로 퍼져 내려간다. 우리는 권력과 지식이 상호 연결되어 있다는 것을 인식해야 하고, 신체의 정치학을 권력이 작동하는 일련의 통로이자 무기로 생각해야 해야 하는 것.

권력에 대한 미시물리학적 역사는 현대의 정신에 대한 계보학의 한 요소다. 과학 기술과 과학적 주장들, 심오한 감정, 인격, 의식의 개념들은 '영혼'이란 개념에 근거해서 창조되었다. 그렇다고 철학적 성찰과 과학적 관여의 대상으로서의 실제 인간이 영혼으로 대체된 것은 아니다. 영혼은 인간 속에 들어가 살면서 인간을 생존하게 만드는 것이고, 권력이 신체에 행사하는 지배력 안의 부품인 것이다. 그리고 영혼은 신체의 감옥이다. 푸코는 과거가 아닌 현재에 관한 역사를 쓰겠다고 말하며 끝을 맺는다.

푸코는 이번 장을 전형적인 그의 방식대로 시작한다. 독자의 관심을 끌기 위해 특유의 충격적인 장면으로 작품을 시작하는 것. 1757년 루이 15세를 시해하려다 체포당해 사지가 절단되는 극형을 받은 다미엥의 처형 장면이 던지는 공포는 이 책이 특이한 종류의 역사책이란 사실을 보여준다. 푸코는 앞으로 처음의 두 가지 서류처럼 묵직하게 동시대의 서류들에 다가가겠지만 더 깊숙이 파고들어 복잡한 이론적 논거를 만들어내 공개 처형과 현대 감옥 사이의 흐름을 도표처럼 보여줄 것이다.

신체에서 정신으로의 처벌 변화는 〈감시와 처벌〉에서 중요하다. 푸코에게 신체는 실질적인 존재지만, '현대의 정신'은 최근 발명품이다. 처음의 공개 처형이 보여주듯 신체를 벌하는 방법에는 한계가 있지만, 정신은 새로운 가능성들을 허용한다. 첫째, 정신은 왜 범죄가 일어났는지를 고려하게 해주고, 범행 동기는 범죄자와 조사 대상을 알 수 있는 상태로 이끈다. 둘째, 범죄와 처벌을 넘어 범죄자를 검토할 수 있다. 고통스런 형벌을 가하거나 죽이는 대신, 그를 감시하고 조사하는 것이 가능해진다. 신체에서 정신으로의 변화는 공개 처벌이란 개념에 종말을 고한다. 신체는 공개적으로 고문당해야 하는 반면, 정신은 사적인 것이기 때문.

판결이 나뉜다는 푸코의 개념은 신체로부터 멀어지는 추이와 관계가 있다. 범죄자의 처형 판결은 판사가 혼자 내리지만, 범죄자를 감옥으로 보내면 의사와 정신과 의사들도 평가를 한다. 푸코가 인문과학이라고 부르는 것의 발생은 그의 작품 전체에서 발견되는 개인적인 중대 관심사다. 정신의학, 사회학, 의학, 그리고 다른 직종들은 규범이란 표준에 의해 사람들을 평가하고 판단해서 결과적으로 '정상'과 '비정상'을 결정한다. 이것은 범죄가 아니라 사람을 판단해서 그의 정신 상태와 치료, 심지어 석방 시기까지 결정한다. 푸코에 의하면, 현대 세계가 때때로 역할이 불확실한 희미한 직업군에 중요한 판단 권력을 주어버린 것이 된다.

이 절에서는 푸코의 방법론도 소개한다. 여기서 계보학에 대한 언급은 대단히 중요하다. 그것은 투쟁들, 불연속성들, 그리고 개인의 역사를 밝히는 어떤 역사 집필의 개념을 나타낸다. 현대의 처벌과 같은 담론들은 어떤 대상에 대해 무엇을 말하고 행하는 것이 가능한지를 정의한다. 어떤 의미에서 사람들은 담론의 함정에 빠져 있지만, 푸코는 그들에게 목소리를 갖게 하고 저항하도록 도와주려고 한다. 〈감시와 처벌〉은 수형자들을 감방이 아니라 그들을 만들어 내는 데 일조한 담론으로부터 해방시키기 위한 글이다. 푸코는 판단 권력이 정상과 비정상에 대한 판단으로 변화되었을 때, 현대의 정신이 형성되었다고 주장한다. 비정상적인 정신을 가진 수형자나 비행자는 정상적인 대다수의 사람들에게 반(反)하는 것으로 정의된다. 그는 억압받는 수형자의 모습을 통해 전반적인 현대의 정신에서 잘못된 것이 무엇인지를 보여주고자 한다.

간단한 조사 규칙 중에서 네 번째가 가장 흥미롭다. 수형자에게 적용된 기술과 그에 대한 우리의 태도는 권력이 사회에서 작용하는 방식을 보여준다. 간수와 정신과 의사들이 지닌 지식은 어떤 '권력의 기술학'을 창조한다. 푸코의 은유들은 과학과 산업에서 끌어온 것이지만, 경제적·사회적 상황들 역시 중요하다고 분명히 밝힌다. 생산 체계(생산품과 자본을 만들어내는 수단들)에 대한 이야기는 마르크스로부터 빌려온 것이다.

권력에 대한 푸코의 논의는 〈감시와 처벌〉에서 중요한 사항이다. 그는 권력이 개인들에 의해 의식적으로 행해지는 게임이 아니라 사회라는 기계 장치 안에서 작동하는 게임이나 전략이라고 생각한다. 권력은 수형자에서부터 간수에 이르기까지 모두에게 영향을 끼치지만 어느 개인도 그것을 '통제'할 수 없다.

영혼이 신체의 감옥이란 푸코의 지적은 모순에 대한 그의 애착을 반영하지만 역시 매우 중요하다. 신체가 감옥에 갇히는 이유는 사람들이 정신의학처럼 정신을 대상으로 하는 과학들에 의해 통제될 수 있기 때문이다. 푸코는 범죄자의 신체가 공격받는 상황으로부터 우리 모두가 감시받고 통제되는 상황으로의 이동을 도표처럼 보여주려고 한다.

마지막으로 감옥개혁 운동에서 보여준 푸코의 역할이 이번 장의 중요한 배경이다. 그는 1970년 감옥정보집단의 운영을 도왔다. 이 집단은 감옥에 대한 정보를 대중에게 전파했으며, 수형자들이 자기 의견을 개진토록 하는 데 관심을 가졌다. 어떤 의미에서 보면, 푸코는 〈감시와 처벌〉을 실제로 수행한 작업의 이론적 대용물로 간주하고 있다.

Chapter 2
처형대의 광경

1670년의 프랑스 형법은 매우 가혹한 형벌로 구성되어 있었지만, 이론과 형벌의 시행 사이에는 간극이 존재했다. 공개적인 형 집행과 고문은 가장 빈번한 처벌 형식이 아니었으나 고문은 형벌에서 커다란 역할을 했다. 고문의 정의(定義)에는 정확하고 측정할 수 있는 고통의 양이 수반되고, '권력의 경제학'이 투여된다.

고문은 범죄의 진실을 밝혀내는 의식(儀式)의 일부분이다. 재판은 원래 숨겨진 소송 절차지만 증거의 효력과 성격에 대한 규정이 존재해서 다양한 등급의 증거가 있었다. 이 등급들은 사법적 효력이나 재판의 결과와 관계를 갖는다. 형벌 심사는 비밀스럽게 규칙에 따라 서면으로 이루어졌고, 피고인 궐석 시에 진실을 생산해낼 수 있을지 모를 하나의 장치였다. 그러나 자백이 있으면 더 이상의 심사가 불필요했다. 자백은 범죄자에게 불리하게 이행되는 심사 절차를 자발적 확인으로 변경시킨다. 고전주의 시대의 형법은 확실한 자백을 얻어내려고 선서와 사법적 고문이라는 수단을 이용했다.

오랜 관행인 고문은 고전주의 시대의 법체계에서는 완전한 위치를 차지하고 있었으며, 사법 당국의 비밀 심문과 피고인의 의식적(儀式的) 행위로 이루어졌다. 피고인의 신체는 이 두 가지 요소와 연계되어 있었기 때문에 종래의 전반적인 형벌 체계가 검토되기 전에는 고문에 대한 비판이 없었다. 우선 고문은 어떤 희생을 치르고서라도 진실을 캐내려는 수단이 아니고, 근대적인 심문에서 나타나는 무절제한 고문과는 전혀 달랐다. 즉 고문은 잘 통제된 엄격한 사법적 관례로서, 고문을 시키는 재판관과 용의자 사이의 게임에 가까웠다. 피의자는 고문을 이겨내면 풀려날 수 있었고, 재판관은 사퇴해야 하는 규정 때문이었다. 종래의 고문은 조사와 처벌이 혼합되어 증거를 찾는 하나의 방식이었다. 증거 제도가 유죄에 대한 일부 증거를 생산해내듯, 고문은 진실을 생산하는 의식이 처벌을 부과하는 의식과 병행되는 기묘한 조치였다.

형벌 집행의 공개를 통해 범죄자의 신체가 자기 범죄의 진실을 보여주도록 하는 데에는 몇 가지 측면이 내포되어 있다. 첫째, 범죄자가 자기의 유죄 선고를 공표함으로써 진실을 증명하는 일을 떠맡는 셈이고, 둘째, 신체가 진실을 드러내는 자백 장면을 한 번 더 보여주는 것이며, 셋째, 신체는 고문을 범죄와 연결시켜 일련의 관련성을 만들어내고, 넷째, 굼떠지는 신체와 고통이 의식(儀式)의 끝에 가서는 최종적인 시험의 역할을 한다. 이처럼 신체는 사법적 고문에서 형 집행까지 범죄의 진실을 계속 생산해낸다.

공개적 형 집행은 사법적 의식이자 정치적 행사로도 이해되어야 한다. 처벌 속에는 항상 군주의 몫이 있었다. 군주의 개입은 군주의 권리를 침해한 행위에 대한 응답이었다. 따라서 손상된 군주권을 회복하는 정치적 의식이었고, 승리와 투쟁이란 양면성으로 무장한 법률적 의식이었다. 피고인의 신체에 대한 형 집행인의 투쟁과 승리는 결투나 마상(馬上) 창시합 같은 것이었다.

처벌에 대한 태도는 신체와 죽음에 대한 일반적 태도와 연관이 있었다. 당시에는 죽음이 전염병과 전쟁 때문에 낯설지 않은 광경이었다. 이러한 일반적인 상황을 보면 신체적 처벌의 가능성과 장기적인 존속이 설명된다. 고문은 죄인의 신체를 통해 진실을 밝혀내고 권력의 작용을 보여주기 때문에 합법적인 관례 속에 깊이 자리 잡고 있었다. 이런 진실-권력 관계는 처벌 구조의 심장부에 남아 있으며, 현대의 형벌 관례 속에서 다양한 형식으로 발견된다. 계몽운동은 공개적 형 집행의 '잔학성'을 비난했다. 잔학성은 범죄의 일부인데, 범죄의 진실을 세상에 보여주기 위해 고문의 잔학성에 의존한다는 것. 잔학성의 구조는 군주권과 범죄를 함께 섞어놓은 것이고, 잔학성은 '전능의 힘이 파렴치 행위를 조직적으로 파괴하는 것'이었다.

잔학성을 두려워하지 않던 처벌이 '인간적인' 방식으로 대체된 이유는 매우 중요하다. 형 집행에서는 그 의식을 완성시키는 청중이 중요한 요소였으나 대중의 역할이 애매해졌다. 범죄자들은 때때로 성난 군중으로부터 보호될 필요가 있었고, 마음이 동한 군중들이 수형자들을 풀어주려고 하는 경우도 있었던 것. 이러한 군중의 개입은 정치적인 문제를 야기시켰다. 형을 집행할 때가 되면 사형수는 최후 진술로 무슨 말이든 할 수 있었다. 그것은 그의 결백을 표명하도록 하기 위해서가 아니라 사형 선고의 정당성을 입증하기 위해서였다고 볼 수 있다. 이런 진술은 기록에 의해 전해졌으며, 어느 정도는 사실이었을지 모른다. 사법 당국은 자신의 진실을 입증하기 위해 이처럼 애매한 기록들이 필요했다. 그러나 그 기록의 효과는 양면적이었고, 형벌 실무를 둘러싼 상층 권력과 하층민의 대립적 공격이 만나는 일종의 최전선이 되었다. 전단(傳單)은 범죄 문학이 발전하면서 사라졌다. 아마도 범죄 문학은 '대중적 표현'을 나타내는 것도 아니었고 도덕적 선전도 아니었을 것이며, 다만 형벌 관례상의 두 가지 심문이 만나는 공간이었다.

대중적 불법 행위의 정치적 기능이 바뀌고 신문의 인

기가 떨어지면서 발전한 새로운 문학에서는 강자와 권력자의 기괴성을 보여주고 범죄가 하나의 예술이나 특권의 형태인 양 미화되었다. 형 집행에 대한 설명들은 심문에 대한 설명이 되었고, 범죄 문학은 자백에 대한 설명에서 범죄자와 심문자 사이의 지적 투쟁으로 옮겨갔다. 이 새로운 장르에서는 더 이상 영웅이나 대규모적인 처형은 존재하지 않았고, 비록 범죄자는 처벌을 받더라도 고통을 당하지는 않았다. 이제 신문들은 일상적인 기사 속에서 범죄와 처벌을 무덤덤하게 취급하기 시작했다. 역할 분배가 이루어진 것. 사람들은 범죄에서 느끼던 과거의 자긍심을 박탈당했고, 살인 행위는 품행이 단정한 자들의 게임이 되어버렸다.

풀어보기

푸코는 사법적 심문과 고문의 분석을 통해 현대 이전 형벌 제도의 근본에서부터 출발한다. 교회와 당국이 '진실'을 확립하고 범죄를 조사하는 수단으로 사용했던 사법적 심문은 조사 과정의 핵심 부분이었으며, 어느 면에서는 형 집행과 유사했다. 현대적인 생각으로는 매우 이질적으로 여겨지는 부분이다. 비록 고문은 잔인했지만 당시의 법률 체계에 매우 깊이 뿌리박혀 있었기 때문에 이런 담론과 떼어서는 이해할 수 없다는 점을 푸코는 보여준다. 고문은 형 집행 자체와는 분명히 구분할 수 있다. 고문은 시기, 방법, 수단 등이 고도로 규제된 일종의 심술궂은 게임으로 생각될 수 있으며, 그 속에서 수형자는 심문자와 타협한다. 푸코가 고문이 명백히 정의된 구조와 고유의 논리를 지녔다고 주장한다고 해서 고문을 옹호하거나 인정한다는 것은 아니다. 단지 법적·형벌적 담론이란 개념의 관점에서 고문을 설명하고자 할 뿐이다.

이번 장에서 가장 중요한 개념이라면 고문과 형 집행이 모두 공개적이고 의식(儀式)적인 형벌 체계의 일부라는 점일 것이다. 처벌 과정은 심지어 피고에게도 숨겨질 수 있는 비밀 심사로 시작되어 형 집행이라는 대중적 의식(儀式)으로 진전된다. 그러나 두 가지 조치는 모두 푸코가 말하는 고전주의 시대의 법률 체계에 깊이 뿌리박혀 있으며, 그 체계와 떼어서는 이해될 수 없다.

고문과 형 집행의 실질적인 연결은 범죄자의 신체에 의해 제공된다. 두 가지는 모두 사법 당국에 의해 아주 폭력적인 방식으로 행해지고, '진실'을 밝히는 것이 목표다. 이것은 어려운 말이다. 두 가지 모두가 범죄자의 유죄를 단언하는 동시에 범죄 자체가 범행 순간을 넘어 하나의 행위로서 존재한다는 것을 의미하기 때문이다. 심문은 일련의 '증거들'을 통해 유죄를 입증하지만, 형 집행은 범죄를 상기시키고 재현한다.

푸코는 공개적 형 집행을 매우 세련되고 복잡하게 취급한다. 형 집행 의식은 군주가 국가의 전권을 지닌 수장으로서 군림하는 특별한 정치 상황에 의존한다는 것이 그의 주장이다. 이 상황에서는 맨 위에 군주가 있고 그 밑에 아래 계층이 분포된 어떤 계급적 질서가 존재한다. 이런 부류의 사회에서는 권력이 위에서 아래로 작용한다. 범죄는 이 질서를 전복하고 군주의 권력에 도전하는 것이다. 형 집행은 질서를 재확립하기 위해 만들어진 의식이지만, 선수권 대회나 스포츠 경기처럼 상연되었다. 여기서 형 집행자는 왕을 대신했고, 수형자를 처형함으로써 왕의 옹호자가 되었다. 본질적으로 질서의 재확립은 일 대 일 결투로 축소될 수 있지만, 그 과정이 효력을 발휘하려면 질서 회복을 사람들이 목격해야 하므로 관중 없이는 존재할 수 없다. 어쩌면 푸코는 왕의 권력이 다양한 의식(儀式)을 통해 사람들 앞에서 대변된다는 위르겐 하버마스*의 '대변적 공공성' 개념을 참고했을지도 모른다. 그러나 푸코의 설명은 형 집행을 사회적·경제적 맥락과 연결 짓기 때문에 그것의 이론적 수준을 넘어서고 있다.

잔학성이란 개념은 수수께끼 같다. 고문의 가장 끔찍

---

* **위르겐 하버마스**(Jurgen Habermas, 1929-): 독일 철학자, 사회학자. 마르크스 이론이 후기 산업사회에 맞지 않는다며 의사소통행위론이라는 새로운 이론을 도입, 비판이론의 새 지평을 열었다. 주요 저서는 〈이데올로기로서의 기술과 과학〉 등.

한 부분이면서도 범죄의 진실을 밝혀내기 위해 필요한 것이며, 범죄 자체의 폭력성을 닮았고, 범죄의 본질인 폭력성을 보여주기 때문이다.

잔인한 처벌에서 인간적인 처벌로의 변화는 공개적인 형 집행과 감옥 사이의 변화를 달리 표현한 것이다. 푸코는 이것을 청중이란 개념으로 설명한다. 사람들이 보지 않으면 의식(儀式)이 무의미하기 때문에 청중이 필요하다는 것. 그러나 그들은 쳐다보는 것으로 참여하는 것도 된다. 사람들이 형 집행인을 공격하거나 수형자를 풀어주려고 시도할 경우, 쳐다보는 것으로 군주가 그어놓은 선을 넘을 수 있다. 참여한다는 것은 문학에서 범죄에 대해 읽거나 쓰는 것과도 연관될 수 있다. 푸코에 의하면 18세기의 범죄 문학은 죄수의 최후 진술에 집중되어 있었는데, 그것은 고문에 대한 상대적인 침묵과 비교된다. 만약에 그 처벌 절차가 하나의 담론으로 간주된다면, 처형될 때는 피고가 말할 수 있는 순간이 되며, 매우 불안정하고 위험한 순간이다. 최후 진술은 전단과 신문들에 인쇄되었는데, 이것들 역시 범죄를 세상에 재현하는 불안정한 수단이었다.

이런 기록에 대한 반응들과 군중의 행동은 푸코가 대중의 불법성이라고 부른 것의 일부다. 대중의 불법성은 시위나 폭동처럼 법을 넘어서고 법 밖에 있는 모든 행위를 가리킨다. 그와 유사하게 문학에서의 변화도 형벌 자체의 변화를 보여주었다. 범죄 문학은 위험한 공간이 되는 것을 멈췄고, 형 집행보다는 심문에 관심을 쏟았다. 어떤 의미에서 범죄 문학은 더 '공식적(公式的)이고' 억압적이 되었다.

Chapter 1
일반화된 처벌

: 요점정리

형 집행과 고문에 대한 청원들이 18세기에 증가했다. 신체형은 국왕과 민중의 폭력이 서로 대립해 있는 지점이란 점에서 위험한 것이었고, 어쨌든 통치자와 범죄자 사이의 신체적 대결을 끝낼 필요가 있었던 것. 처형은 부끄럽고 구역질나는 것이 되었다. 개혁가들은 사법적 폭력이 합법적인 권력 행사의 도를 넘어선다고 주장했다. 형사 재판은 복수(復讐)가 아니라 처벌을 해야 한다. 아무리 흉악한 살인자라도 인간성을 존중할 필요성에 따라 고문이 없는 처벌의 필요성이 처음으로 공식화되었다. 개혁자들이 강조한 인간은 권력에 관한 '척도'로서의 인간이기도 하다. 인간이 권력의 법률적 한계가 되었고, 그 한계를 벗어나서는 권력이 작용할 수 없게 된 것. 그런데 어떻게 인간이 전통적인 처벌 관례에 대항할 수 있게 되었을까? '인간성'과 '척도'가 어떤 방식으로 서로 연결될 수 있었을까? 여기서 처벌의 경제학적 문제가 발생한다. 18세기는 적절한 설명이나 정의도 없이 이 문제를 인간성을 처벌의 척도로 삼아야 한다는 생각으로 해결했다.

푸코는 18세기에도 경직된 논리로 형벌 완화를 거부했던 사법 당국과 '고전적' 법이론가들에게 대항했던 베카리아* 같은 위대한 개혁가들에게 경의를 표한다. 그러나 개혁은 범죄가 덜 폭력적이 되고 처벌이 완화되는 과정 속에 위치한 것이기도 하다. 당시에는 살인자들은 소수였고, 소매치기나 좀도둑 같은 직업적 범죄자들이 소집단으로 일을 저지르는 경향이 있었다. 신체에 가해지는 폭력이 대폭 감소하면서 흉악 범죄 대신 절도와 사기로 변한 것. 형벌 완화에 선행해서 범죄의 내용이 가벼워진 것이다. 이런 변화는 사회경제적 상황의 호전과 더 가혹한 법률로 설명될 수 있다. 사법의 행사가 엄중하고 세밀화하자 전에는 방치되던 경미한 비행이 단속 대상이 되었다. 이것은 소유권과 생산에 더 큰 가치를 두는 사회 발전에 따른 것이었다. 개인들의 일상생활을 결정하는 권력의 메커니즘을 조절하고 정렬하려는 시도가 있었고, 놀라운 전략적 일치가 이런 변화와

---

* **베카리아**(Cesare Beccaria, 1738-94): 이탈리아 형법학자이자 계몽사상가. 형벌은 입법자에 의해 규정되어야 한다고 역설했으며, 고문의 관행을 비판하고, 최초로 사형 제도의 폐지를 주장했다. 주요 저서는 〈범죄와 형벌〉 등.

개혁가들의 담론 사이에 존재했다. 그들은 처벌하는 권력의 과도한 징벌 내용을 공격했다. 처벌권이 남용되었다기보다는 수많은 법정과 변칙적인 재판들 때문에 형벌의 정의가 불규칙했다는 것. 개혁가들의 비판은 권력자의 약점이나 잔인성이 아니라 원활하지 못한 운용성이다. 권력의 불완전한 기능은 왕의 과도한 권력 집중과 관련되어 있었다. 권력 구조의 재조정이었던 18세기 형법의 개혁은 보다 덜 처벌하기 위한 것이 아니라 더 잘 처벌하는 것이 목적이었다.

개혁의 탄생은 새로운 감수성보다는 위법행위에 관해 달라진 정치적 상황 때문이다. 구체제(ancien regime)에서 깊이 뿌리를 내리고 있었던 위법행위는 모든 계층에 필연적이었기 때문에 때때로 법률은 무시되었고 처벌이 면제되었다. 사회적 혜택을 받지 못한 사람들은 원칙적으로 특권을 갖지 못했지만 법과 관습이 허용하는 테두리 안에서 힘에 의지하거나 끈질긴 노력을 통해 관용을 누리기도 했다. 필연적이면서 모든 사회 계층에 따라 특정 형식을 갖추고 있던 위법행위는 일련의 모순 관계에 있었다. 하층 계급의 세계에서는 위법행위(도덕적으로는 범죄가 아닌데도)가 법률적으로 경계를 구분 짓기 어려운 범죄 행위와 연결되어 있었던 것. 그 결과, 위법행위에 대한 태도가 애매해졌다. 위법행위들 간의 상호 작용은 사회의 정치·경제 생활의 일부분이었다. 이러한 변화는 대중의 위법행위에 의해 사회적 균열이 커진 상황에서 이루어졌다. 범죄의 주변에서 찬미의 그물망이 자라났으며, 그 같은 변화가 필요했고 그것을 기반으로 성장한 쪽은 부르주아지였다. 18세기 후반에는 이 과정이 역전되는 경향을 보인다. 전반적인 부의 증가와 인구 급증에 따라 대중적 위법행위의 주요 표적은 권리에서 재산으로 옮겨갔다. 부르주아지는 이제까지는 권리를 둘러싼 대중적 위법행위는 커다란 문제를 야기시키지 않으면 용인했으나 자신들의 소유권과 관련된 위법행위는 묵과하지 않았다. 새로운 형태의 생산과 자본 축적이 생겨나면서 권리에 대한 위법행위가 재산에 대한 위법행위로 변하는 경향을 보였고, 따라서 처벌할 수밖에 없는 상황이 된 것.

형벌 개혁이 군주의 초권력에 대항하는 투쟁과 묵인된 하부 권력의 위법행위에 대항하는 투쟁의 접합점에서 생겨났다. 무제한적이고 불연속적인 군주의 권력은 신하들에게 위법행위를 계속할 수 있는 여지를 남겨두었다. 따라서 군주의 대권을 공격하는 것은 그러한 위법행위의 기능을 공격하는 것이다. 처벌 권력을 제한하려는 많은 개혁가들의 투쟁은 대중적 위법행위를 좀더 엄격하게 통제할 필요성에 근거하고 있다. 공개적 형 집행이 비난받은 이유는 무제한적인 군주의 권력과 대중적 위법행위의 도래를 모두 표상했기 때문이다. 그러나 개혁은 대중적 위법행위의 억압에 역점을 두었기 때문에 성공적이었다. 이제는 위법행위에 대

한 전통적 경제학이 변함에 따라 완화된 형벌 체계가 승인
되었다. 18세기 형벌 개혁의 주요 특징은 새로운 경제학과
새로운 권력 공학의 구성이었다. 이 새로운 전략은 계약의
논리에 딱 맞아떨어진다. 시민은 자신이 처벌될 수 있는 법
에 동의한 것으로 간주되고, 범죄자는 사회의 적이면서 자
신의 처벌에 참여하는 법적으로 모순된 존재가 되어버린다.
전체 사회가 처벌에 등장하면서 결국 '척도'와 처벌하는 권
력의 관리 문제가 제기된다.

개인은 위법행위 때문에 전체 사회와 대립하게 되고,
사회는 가공할 처벌권을 갖는다. 처벌은 군주의 복수(復讐)
에서 사회 방어의 의미로 전환되었다. 이 형벌의 힘은 또
다른 '초권력'처럼 무제한적이었기 때문에 처벌 권력에 대
한 절제의 원칙을 확립할 필요가 생겼다. 그 원칙은 사회의
적을 벌하는 경우라도 먼저 감성적인 언술로 표명된다. 감
성에 의존하는 방법에는 일종의 계산의 원칙이 포함되어
있다. 이 원칙은 결코 비인간적인 처벌을 하지 말아야 한다
는 것에 뿌리를 두지만, 고려의 대상은 범죄자의 신체, 고통
등이 아니라 범죄자들에게 권력을 행사하는 사람들의 그것
이고, 그 동기 역시 범죄자의 인간성에 기인한다기보다는
권력의 필연적인 조절 때문이다.

처벌의 목적은 범죄의 결과를 설계하기 위한 것이고,
처벌은 범죄가 사회 질서에 끼치는 영향에 의해 조절되어

야 한다. 그러나 18세기에는 재범을 방지할 만한 처벌을 내려야 한다는 생각을 갖고 있었다. 그 예로 더 이상 의식(儀式)이 존재하지 않고 범죄를 저지르지 못하게 막는 본보기 처벌이란 기호만 존재했다. 처벌 기호의 기술은 여섯 가지 규칙에 근거했다. '분량 최소화의 규칙'은 범죄를 저지르기보다는 형벌을 피하는 쪽이 조금이라도 이익이 많아야 한다는 개념이다. '관념성 충족의 규칙'은 처벌이 괴로운 것은 신체적 고통이 아니라 그것에 대한 생각 때문에 생기는 괴로움이다. 즉 신체에 가해질 실제 형벌이 아니라 범죄를 단념시킬 표상을 극대화해야 한다는 것. '측면 효과의 규칙'은 처벌이 베카리아가 사형 대신 역설한 종신노예 상태의 개념처럼 그 모습을 보는 관찰자에게 지대한 영향을 끼쳐야 한다는 것이다. 즉 여러 형벌 중에서 가장 효과적이고 영속적이며 동시에 잔혹하지 않은 인상을 대중에게 각인시킬 방법을 골라야 한다는 것. '완벽한 확실성의 규칙'은 범죄와 처벌 사이에 끊어질 수 없는 연관성이 있어야 하고, 그것을 규정하는 법은 모든 사회 구성원들이 알 수 있도록 공시되고 명확해야 한다는 것이다. 법과 집행자는 준엄해야 한다. 처벌을 피할 수도 있다는 기대감은 법을 가장 취약하게 만든다. '보편적 진실의 규칙'은 범죄의 검증은 고문이나 자백의 강요가 아닌 모든 진실에 관한 보편적 기준에 따라야 한다는 것이다. 따라서 범죄의 진실은 수학적 진실처럼 충분히 증명된 이후에야 받아들여질 수 있는 것이 된다. '최적의 상세화 규칙'은 모든 범죄가 정확히 분류되어야 한다는 것이다. 여기서 모든 범죄와 처벌의 대응적 분류와 범죄자의 개별적 성격과 일치하는 형벌 개인화의 필요성이 나타난다. 초범과 재범 사이의 구분이 중요해진다.

처벌하는 권력의 계산된 경제성으로써 형벌을 인간화한다는 개념의 근저에는 '자비'를 요구하는 규칙들이 깔려 있다. 이 모든 규칙은 처벌 권력이 적용되는 지점을 신체가 아닌 표상이나 기호처럼 정신으로 이동하게 만든다. 절망감과 시간의 경과에 따라 쇠사슬은 부식하지만, 습관적으로 굳어진 관념의 결합은 더욱더 강하게 조여든다. 그러나 새로운 처벌 기술은 이러한 처벌의 기호기술론이 새로운 정치해부학으로 대체된 것으로, 신체가 다시 새로운 형태로 중요한 역할을 하게 된다.

· 풀어보기

푸코는 고문과 형 집행에서 개혁의 필요성을 고찰하는 쪽으로 이동한다. 그의 관점에서 보면 개혁 운동은 인간이 처벌의 평가 기준이 된다는 의미에서 인본주의적이었다. 신체는 처벌이 작용하는 지점이 된다는 사실로부터 어째서 처벌이 다르게 작용되어야 하는지에 대한 이유로 변경되었다. 처음에 개혁가들은 처벌에서 고문과 잔인성을 분리하려고 시도했다. 물론, 푸코에게는 고문과 심문 사이의 연결은 엄격히 말해 고문이 결코 처벌의 일부가 아니었다는 것을 의미한다. 그는 형벌 개혁의 동기가 인간에 대한 사랑이란 해석에는 동의하지 않는다. 인본주의적 개혁에 대해 신중한 태도를 취하는 것.

이런 신중함은 개혁을 둘러싼 과정들로까지 확대된다. 개혁은 범죄 자체가 변화하고 축소되는 구조 안에서 가능했다. 푸코는 형 집행에 대해 설명할 때처럼 거기에서 경제·사회적 구조를 직시했다. 생산력의 변화(다른 저작가들은 산업혁명으로 언급)에 의해 생산성이 높아지고 소유권이 크게 강조되면서 재산 범죄를 증가시켰고 사회에서의 권력 작용을 변화시켰다. 이런 커다란 변동 때문에 개혁가들의 변화 요구는 사실은 우연적 사실이 아니었고, '전략적 우연'으로서 권력이 작용하는 방식에서의 변화였다. 개혁가들의 의도나 자유 의지는 중요하지 않았다.

그런 후에 푸코는 개혁가들의 사례를 자세히 검토한다. 그들의 개혁 요구가 권력의 변화와 직결되어 있듯, 그들은 사회에서 권력이 작용하는 방식을 공격했다. 경제학에 대한 푸코의 은유는 여기서 중요하다. 형벌 개혁은 권력이 작용한 방식과 왕에 대한 권력의 관계를 고찰했다. 형벌 개혁은 전체 권력 작용의 효율성을 극대화하려고 했고, 근본적으로는 효율성과 위법행위에 관심이 있었다.

대중적 위법행위에 대한 또 다른 검토가 이어진다. 푸코는 위법행위를 근대 이전 프랑스에서 국가의 작동에 통합된 것으로 간주한다. 국가의 필요한 부분이면서, 극빈자들이 말하고 행동할 수 있는 공간이기도 한 것. 위법행위는 구조적·경제적 변화에 의해 영향을 받는다. 푸코가 대중적 위법행위의 '위기'라고 부르는 것은 실제로는 물건에 집중되는 위법행위로의 또 다른 변화다. 이전에는 농부가 경작권을 지키기 위해 지주에게 폭동을 일으킨 반면, 이제는 닭을 훔쳤다는 것. 아니면, 그 두 가지를 모두 할 수도 있었는데, 푸코는 이 부분에 대해 불분명하다. 많은 역사가들은 그 시대의 대중적 행동에 대한 이상스런 태도라고 비판했다.

위법행위는 군주 정치의 구조에 연결되어 있었고, 이 구조는 위법행위가 생기는 것을 허용했다. 권력이 더 효율적으로 작동하게 만들고 싶었던 개혁가들은 군주제를 공격하지 않으면서 위법행위를 공격하기 시작했다. 이런 상황은 많은 개혁가들이 어째서 하층 계급에 적대적인 중간 계층의 인물이었던가를 설명해 주는 장점이 있다. 푸코는 푸펜도르프와 루소 같은 18세기 인물들에게서 발견되는 계약 이론을 처벌이 작용할 수 있게 해준 과학 기술로 간주한다. 만약 모든 시민들이 국가의 형성과 범법자 처벌에 동의한다면, 엄청난 권력이 창조된 것이다. 이 권력은 군주제 형태이든 공화정 형태이든 간에 막강하다. 부분적으로 개혁가들은 처벌하는 권력이 위험해질 경우를 대비해서 제한에 관심을 가졌다. 푸코에 의하면, 그들이 발견한 해답은 인간성이었다. 그들은 처벌과 처벌 권력을 측정하는 기준으로써 인간을 사용했으나 범죄자 자체에 대해서는 관심이 없었다. 이것은 매우 냉소적인 관점으로 여겨진다.

　계산된 개혁의 개념으로부터 장애물-기호라는 또 다른 계산이 파생한다. 처벌은 대중에게 따라야 할 올바른 길을 보여주는 기호이지만, 범죄와도 정확하게 연결되어 있다. 이것은 형 집행과는 매우 다르다. 처벌은 질서의 재확립보다는 범죄 방지에 관심이 있다. 이제 범죄자가 처벌받는 장면을 보는 사람들은 의식(儀式)의 일부로서 필요한 것이 아니다. 오히려 의식은 그들의 범행을 막기 위해 고안된 것이다.

　논쟁의 여지가 있는 푸코의 견해는 설명이 필요하다. 푸코는 개혁가들의 말을 액면 그대로 받아들이지 못한다. 그들에 대한 그의 분석의 본질 때문이다. 개혁가들은 경제적인 발전과 권력의 본질적인 변화가 상호 작용하는 담론 내에서 이야기했다. 그들의 말은 고통받는 죄수들에 대한 어떤 실질적 감정보다는 권력의 복합적인 작용을 반영한다. 모든 개혁운동 뒤에 숨겨진 동기들을 분석하는 복잡한 방식이 이렇다고 말할 수도 있다. 그러나 푸코의 중심된 주장은 누군가의 말과 행동은 모두 권력 구조를 반영한다는 것이다.

Chapter 2
유순해진 처벌 기술

처벌 기술은 표상의 기술론에 달려 있다. 적절한 처벌을 찾는 일은 범죄의 매력을 모두 빼앗는 억제책을 찾아내는 것이다. 처벌은 대립되는 가치의 표상인 장애물-기호의 표상을 확립하는 기술이다. 장애물-기호의 표상이 작동하려면 다음의 조건들을 준수해야 한다. 첫째, 처벌이 자의적이지 않을 것. 범죄와 처벌 사이의 직접적인 연결이 필수적이다. 둘째, 기호들의 복합물이 범죄에 대한 욕망을 줄여야 하고 형벌에 대한 공포를 증가시킬 것. 셋째, 시간을 조절할 것. 형벌은 영속적이면 안 되고, 범죄가 심각할수록 길어야 한다. 넷째, 처벌은 범죄자뿐만 아니라 다른 사람들에게도 향해질 것. 장애물-기호의 표상은 모든 사람의 관심사가 되어야 하고, 그 속에서 자신들의 이익을 읽을 수 있어야 한다. 다섯째, 학습에 의해 교묘한 경제적 광고 효과를 발생시킬 것. 형벌은 이제 공공 도덕의 표상이다. 법률의 규칙이 처벌에서 뚜렷이 나타난다. 처벌은 침통한 행위이기도 하다. 사회는 법을 어긴 시민과 헤어져야 하기 때문이다. 여섯째, 범죄에 관한 전통적인 담론을 전도시킬 것. 어떻게 당신은 범죄자의 의심스러운 영광에 종지부를 찍을 수 있을까? 처벌에 관한 기호 체계의 개편이 제대로 이뤄지고 처벌 의식이 훌륭히 전개된다면, 범죄인은 재교육해야 할 적대적 대상으로 인식될 수밖에 없다. 처벌 도시에는 게시, 벽보, 플래카드, 상징 등, 처벌을 교시하는 수많은 소극장을 설치해서 모든 범죄에 합당한 법과 형벌을 설명하고 정당화하고 설득한다. 각각의 처벌이 바로 교훈담이다.

형벌의 형태로서 감옥의 사용은 아직 상상조차 못하고 있다. 감금이 아직은 여러 범죄의 개별성에 대응하지 못하고, 대중에 대한 효과가 없기 때문이다. 보편적 형벌로서의 감옥은 표상으로서의 형벌 기술과 양립할 수 없다. 문제는 감옥이 얼마 지나지 않아 본질적인 형벌 형태가 되었다는 점이다. 1810년의 프랑스 형법전에서 사형과 벌금형의 중간에 해당되는 감금이 처벌의 거의 모든 영역을 차지하게 된다. 매우 단계적인 감옥이 입안되었다. 이것은 국가 기구의 총체적 조직과 합치된 폐쇄적이고 복합적이며 등급화된 거대한 구조로서, 권력의 전혀 다른 물리학이고 인간의 신체를 포위하는 전혀 다른 방법이다. 전 유럽에 걸쳐 처벌 중심의 무대는 감옥체계에 의해 대체되었다.

감금이 그처럼 중요한 역할을 떠맡았다는 것은 놀라운 일이다. 사실 프랑스에서는 감금이 왕의 전횡과 직결되어 있었던 만큼 떨어진 신뢰도를 회복하는 것이 필수적이었다. 개혁자들은 감금이 전제 정치의 특권적 행태이자 도구라고 주장했다. 그렇다면 어떻게 감금이 그 짧은 시간에 합법적 징벌의 가장 일반적인 형태가 될 수 있었을까? 가장 흔한 설명은 몇 가지 처벌적 감금 모형이 고전주의 시대에 형성되었다는 점이다. 일설에 의하면, 이 모형들의 권위가 감금의 불법적 장애물과 포악한 기능을 극복했다는 것이다. 필라델피아에서 시작된 마지막 모형은 계속적인 감시 하에 시간표에 따라 수형자들의 생활을 구획 정리했다. 수형자의 정신에 대한 작업이 시행되었고, 수형자에 대한 개별화된 정보 자료가 만들어졌다.

이 모형들 사이에는 같은 점과 다른 점이 공존했다. 모든 모형들은 미래를 겨냥한 구조이고, 형벌을 개별화하는 방식을 요구하고 있지만, 형벌의 기술과 개인 통제의 기술 사이에는 다른 점이 존재했다. 개별적 교정은 기호와 표상 체계의 강화를 통해 개인을 법의 주체로 다시 설계하는 과정을 보장해 준다. 한편, 정신에 대해 작용하는 교정 형벌은 표상 대신, 강압의 형태를 띤다. 훈련, 시간표, 계획들은 모두 관습, 규칙, 질서를 지키는 순종적인 주체를 복원하려는 노력이다.

위법행위에 대처하는 두 가지 방식이 있다. 사회 계약
상의 법적 주체를 복원하거나 그 어떤 권력의 모든 일반적 ·
세부적 형식에 복종하는 주체를 만들어내는 것이다. 시간표
에 의한 처벌은 구경거리를 불가능하게 만들고, 죄수와 처
벌하는 사람 사이에 어떤 특별한 관계를 확립한다. 주체는
은밀하고 자율적인 절대 권력에 복종해야 한다. 권력의 은
밀성과 자율성은 처벌이 투명하고 시민을 포함하는 이론과
정책 안에서는 존재할 수 없다. 이제는 형벌을 적용하는 권
력이 옛날에 형벌을 결정했던 권력처럼 독단적이고 전제적
이 될 우려가 있는 것이다.

처벌 중심의 도시와 강압적인 제도 사이에는 다른 점
이 존재한다. 전자에서는 형벌 권력의 기능이 사회 공간 전
체 속에 나뉘어져 있고, 구경거리, 기호 등의 형태로 도처
에 현존한다. 후자에는 처벌 권력의 치밀한 기능이 존재한
다. 죄수의 신체와 시간을 세심하게 장악하고, 권위와 지식
의 체계에 의해 죄수의 행위를 단속해서 개인적 교정도 시
도하는 것. 18세기 말에는 처벌 권력을 조직하는 세 가지
방식이 있었다. 첫째, 옛날 군주권에 근거해서 여전히 작용
하던 방식. 여기서의 처벌은 군주의 통치권에 따른 하나의
의식(儀式)이다. 두 번째와 세 번째 방식은 모두 교정(矯正)
적이고 공리주의적이었으며, 전체 사회에 속하는 처벌권의
예방과 효용에 관련된 것이었다. 그러나 이 두 가지 방식은

구조적인 차원에서는 달랐다. 두 번째 방식에서 개혁적인 법학자들이 보는 처벌은 개인을 시민들에 의해 인지된 기호를 이용하는 법의 주체로 재규정하는 절차다. 감옥 개혁 계획이었던 세 번째 방식에서는 처벌이 개인에 대한 강압 기술로 여겨졌고, 행위 속에 습관 형태로 남겨지는 훈련을 통해 작동했다.

위의 세 가지 방식은 법 이론으로 환원시키거나 도덕적 선택에서 그 근원을 구할 수도 없는 것들로, 모두 처벌 권력이 의존해서 행사되는 방식으로서의 권력 기술론이다. 문제는 어째서 세 번째 모형이 채택되었냐는 점이다. 강제권, 신체, 독방, 그리고 비밀 중심의 모형이 표상, 무대, 기호, 공개, 집단 중심의 모형을 대체한 이유는 무엇일까?

어떤 의미에서 보면 이번 장은 18세기 개혁가들과 이론가들의 처벌에 대한 토론에서 도입된 주제들을 연장하는 것이다. 장애물-기호라는 표상은 범죄와 그것에 연관된 형벌을 함께 나타내는데, 어떤 면에서는 공개적이고 이해하기 쉽다. 노골적으로 말하자면, 장애물-기호 표상은 다음과 같이 작동된다. 인간은 도둑질을 하고자 할 때 형벌을 생각한다. 아마 형벌은 재산 몰수일 것이고, 그는 도둑질을 단념한다. 여기에는 처벌과 범죄 사이에 연관된 무언가가 존재한다. 만약 도둑질을 하면 국가는 당신 재산을 몰수할 것이다. 여기서 사람들은 도둑질로 재산을 잃는 것을 보며 범행을 포기하는 것이다. 매우 사소한 범죄인 좀도둑질에 대한 형벌은 가혹하지도 오래 지속되지도 않아야 한다.

푸코는 이런 기호들의 관계를 하나의 일관적인 체계나 경제학으로 생각한다. 그가 가장 명백한 구조주의적 용어를 사용한 곳이 여기일 것이다. 이 체계는 그가 처벌 도시라고 부른 곳에서 작동한다. 여기서는 구경거리가 여전히 중요하지만 다만 방식이 다르다. 그 모형은 극장인데, 당신이 보는 것은 실제가 아니고 단지 표상일 뿐이다. 구경꾼과 행동 사이에 어느 정도의 거리가 개입되는 것이다. 처벌 도시가 공개적인 형 집행의 의식을 드러내지 않는 이유는 그 도시의 주목적이 장래의 법 위반을 방지하는 것이기 때문이다.

더욱 중요한 것은 하나의 체계인 그 안에서는 감옥이란 개념이 불가능했다. 감옥은 그저 사람을 가두어둘 뿐이지 벌하기 위한 것이 아니었으므로 그 어느 것도 표상하지 않고 대중과도 무관했기 때문이다. 그러나 감옥은 단기간에 유럽의 지배적인 형벌이 되어버린다. 감옥형의 우세는 결코 확실한 것은 아니었다. 푸코는 몇 가지 법적이고 표상적인 장애물들이 존재했다고 분명히 밝힌다. 예를 들어, 프랑스에서 감옥은 채무자들과 소위 왕의 자의적인 권력 행사인 '봉인장*'으로 사람들을 보내는 곳이었다. 이처럼 감금은 왕권 남용과 결부된 전제정치의 특권적 형태이자 도구로서 이용되었던 것. 따라서 19세기 초에 감옥이 널리 퍼져 사용되리라고 예상한 사람은 거의 없었다.

지배적인 형벌은 교정적 형벌이었다. 이 형태의 처벌은 처음 장에서 기술했듯, 표상적인 것이 아니라 영혼의 강압과 관련된 것이었다. 교정은 새로운 습관들을 강제해서 영혼이 다시 순종적이 되도록 '고치는' 시도를 했다. 범법자에게 위법행위로 상실한 사회에서의 자리를 회복해 주려 하지 않고 아무 의문 없이 복종하는 개인을 창조하고자 했던 것. 그 목적을 달성하기 위해서는 처벌에 대한 비밀과 통제가 필요했다. 이것은 처벌에 대한 공개적이고 눈에 보이는 표상의 상황과는 매우 다르다. 여러 가지 면에서 볼 때, 〈감시와 처벌〉에서는 중요한 전환점이다. 푸코는 현대 강압 제도의 기원을 보여준다. 강압 제도는 처벌 도시와 매우 다르다. 극장이 없으며, 처벌 자체는 숨겨지고 훈련의 개념에 근거한다. 발전시켜야 할 세 가지 방식의 감옥이 있었으나 오직 세 번째 방식만 받아들여졌다. 푸코가 말하는 계보

---

* **봉인장**(封印狀): 자의적으로 아무나 감금할 수 있는 국왕의 명령서. 왕의 절대 권력을 상징하며, 국사범, 경찰사범, 상류 계층의 경우에 공개 재판을 면하게 해준다. 가문을 더럽히는 등, 가정사범의 경우에는 가정을 자치공동체로 간주해 가장에게도 허용했다.

학적 방식의 특징이 바로 이것이다. 우리들에게 일들이 다른 방식으로 전개될 수도 있었다는 사실을 일깨워주기 위해 전환점들과 중요한 단절들을 보여주는 것. 이 책의 나머지 부분은 어째서 선택이 아닌 권력 작용에 의해 하나의 특별한 요소가 우세해졌는지를 설명한다.

Chapter 1
순종적인 신체

푸코는 17세기 군인의 전형에서 출발한다. 멀리서도 군인은 신체와 행동에서 쉽게 알아볼 수 있다. 고전주의 시대는 신체가 권력의 대상이자 표적이란 것을 알아냈다. 순종적인 신체는 복종하고 순응하고 변형되고 나아가 완전하게 만들어진다. 18세기의 신체 순종화 계획은 새로운 통제 장치를 표상한다. 신체의 경제학이 중요해졌다. 통제 방법은 간헐적이지 않고 변함없는 강압을 함의하며, 시간과 공간을 분할하는 규칙에 의해 시행되었다. 신체의 활동에 대해 면밀한 통제를 가능케 하고, 체력의 지속적인 복종을 확보하며, 신체에 순종-유용의 관계를 강제하는 방식들이 규율들이다. 규율들은 오래 전부터 수도원, 군대, 작업장에 항상 존재해 왔으나 17세기와 18세기를 거치면서 지배의 일반적인 양식이 되었다. 신체에 작용하는 강압의 정책이 형성되었고, 신체는 그 신체를 파헤치고 분해하며 재구성하는 권력 장치 속으로 들어가게 된다. 하나의 권력 역학인 정치 해부학이 서서히 태어나는 것이다. 정치해부학은 기술적인 방법으로 결정된 속도와 효용성에 따라 원하는 대로 다른 사람들을 움직이기 위해 어떻게 그들의 신체를 장악할 수 있는지를 규정하고 있다. 여기서는 다양한 규율 제도의 역사를 서술할 수는 없고 다만 단계적으로 일반화된 일련의 예를 탐구하는 것으로 만족하자.

'분할의 기술.' 규율은 여러 가지 기술을 사용해서 공간에 따른 개인의 분할을 실행한다. 첫째, 규율은 폐쇄성, 즉 때때로 학교, 공장, 병영 같은 보호된 장소에 담을 칠 것을 요구한다. 불미스러운 일의 발생을 예방하고 그 확산을 원천봉쇄할 수 있기 때문. 둘째, 규율 장치는 공간 분할 방식의 원칙에 따라 대상을 효율적으로 감시하고 평가하고 제재하기 위해 훨씬 유연하고 섬세한 방식으로 공간을 재구성한다. 그 공간은 본질적으로 수도원의 독방 같은 형태다. 셋째, 기능적 공간 배치의 규정은 건축에서 여러 용도로 사용 가능한 공간을 점차 체계화한다. 감시와 위험한 연락의 차단, 그리고 유익한 공간을 만들어낼 필요성에 부응하기 위해 장소가 결정된 것. 넷째, 규율에서 기본적 요소들은 서로 교환될 수 있다. 각각의 요소는 어떤 계열 안에서 차지하는 위치와 간격에 따라 규정되기 때문이다. 그러므로 규율에서의 기본 단위는 영역별이나 장소별로 된 것이 아니라 서열 중심이다. 이를테면 학교라는 교육 공간에서 나이, 성적, 품행에 따른 서열이 학생들의 배치를 결정하기 시작한 것. 이렇게 규율은 독방, 자리, 서열을 조직화해서 건축적이고 기능적이고 위계질서를 갖는 공간을 만들어낸다.

'활동의 통제.' 첫째, 시간표는 수도원 공동체에서 유래한 오래된 유산이다. 시간 구분을 확립하고 일정한 업무를 강요하며 반복 주기를 규정하는 일은 학교, 작업장, 병원 등에서 재현되었다. 둘째, 행동에 대한 시간의 작성. 군대에서 병사의 행군 속도와 보폭을 규정하듯, 시간이 신체를 관통하게 되면서 권력의 치밀한 통제가 진행된다. 셋째, 신체와 동작의 상관관계. 규율 권력은 동작과 신체의 전반적인 자세 사이에 최선의 관계를 강요하는데, 이 관계의 유지야말로 효과적이고 신속한 통제의 조건이다. 시간의 효율적 사용을 가능케 하는 올바른 신체의 사용에서는 무엇 하나 쓸데없는 것으로 남아서는 안 된다. 넷째, 신체-객체의 유기적 연결. 규율은 신체와 신체가 다루는 객체(예를 들면, 집총 훈련에서 총) 사이의 모든 관계를 정의한다. 신체와 그것에 의해 조작되는 물체가 맞닿는 모든 면에 권력이 스며들어 양자를 묶어놓는 것. 다섯째, 철저한 이용. 전통적인 시간표는 인간에게 도덕적 과오인 시간 낭비를 불허했다. 규율은 긍정적 관리를 목표로 삼고, 아무리 사소한 순간이라도 활용을 강화하기 위한 장치다. 이러한 복종의 기술을 통해 그 개인은 새로운 객체, 즉 자연적 신체이면서 특정한 작업을 수행할 수 있는 기계적 신체의 외양을 갖추게 된다.

'발생의 구조.' 18세기가 진전됨에 따라 시간에 대한 다양한 조절이 뚜렷해졌다. 시간, 신체와 힘을 조절하기 위한 새로운 기술이 고전주의 시대에 발전했다. 공간을 분석하고 모든 활동을 분해·재편성하는 규율은 네 가지 방법으로 시간을 합산하고 자본화하는 장치였다. 첫째, 시간의 흐름을 연속적이고 상응하는 부분으로 분할하며, 각각의 부분은 특정한 경계의 끝 지점까지 닿아 있도록 한다. 이를테면, 한 단계의 훈련이 완료되었을 경우에만 다른 단계로 옮겨가도록 하는 것. 둘째, 이런 단계들을 분석적 도식에 따라 조직화해야 한다. 단순한 동작들—손가락의 위치, 팔의 움직임, 다리의 굽힘 등 이 유익한 행동을 하는 데 가장 기초가 되고, 힘과 숙련성, 순종성에 관한 전반적인 훈련을 보장해 줄 수 있다는 것. 셋째, 분할된 시간에 목표를 부여하고 시험을 통해 수험자가 규정상의 수준에 이르렀는지를 판단한다. 넷째, 연속적인 계열화를 확립하여 수준, 경력, 지위에 따라 각자에게 적합한 훈련을 규정한다. 각각의 훈련이 끝나는 시점에서 다른 계열의 훈련이 시작되고, 그 계열이 다시 분화하는 방식이다. 연속적인 활동의 계열화는 세세한 통제와 매순간 빈틈없는 대응을 가능케 한다.

규율의 방식은 매순간 서로 통합되고, 확고부동한 최종 지점을 향해 가는 직선적이고 진화하는 시간을 출현하게 했다. 그러나 동시에 연속적으로 축적되는 형태의 사회적 시간이 존재했는데, '생성'이란 관점에서 진화의 개념을 부여한다. 18세기의 두 가지 위대한 발견은 사회의 진보, 그리고 시간을 관리하고 이용할 수 있는 권력의 새로운 기술과 관련된 개인의 단계적 형성이었다. 연속된 시간의 중심에 훈련의 절차가 있었다. 훈련은 신체에 반복적이거나 상이하고 점차 어려워지는 임무를 부과하는 기술이다. 기나긴 역사를 가진 훈련은 군대, 교회, 대학 등의 의식이나 의례 같은 보편적 실무에서 발견되며, 지식과 선행의 점진적 획득을 표시하면서 점점 복잡한 과제가 되었다. 원래는 구원을 위해 시간을 조직하는 하나의 방식이었으나 이렇게 조정된 시간이 인간에 대한 권력의 행사에 도움을 주고 있는 것.

'힘의 조립.' 군대의 단위는 다양한 부품으로 구성된 기계 장치 같은 것이 되었다. 특정한 성과를 얻기 위해서는 대단위 부대를 소단위 부대로 편성해야 할 필요성이 생겼던 것. 이것은 어떤 생산력이 그것을 구성하는 요소들의 총합보다 더 큰 생산력을 창조하는 개념과 유사했다. 규율은 다양한 힘을 조합해서 효율적인 기계를 획득하는 기술이 되었다. 설명하자면 이렇다. 첫째, 개별적인 신체는 배치되고 이동되고 다른 신체에 연결될 수 있는 요소가 되었다. 병사나 신체가 기계 장치의 부품처럼 조직되는 것. 둘째, 규율에 의해 조합되는 시간 역시 부품으로 취급된다. 개인 단위의 시간은 최대의 힘과 성과를 낼 수 있도록 다른 사람들의 시간에 맞춰 조정되었다. 셋째, 조심스럽게 측정된 힘의 조합은 정확한 명령 체계가 필요하다. 명령은 설명하거나 명확하게 표현할 필요가 없으며, 원하는 행동을 하게 만드는 것으로 충분하다. 지도자와 휘하의 사람들은 다양한 신호로 통하는 관계다.

규율은 통제하는 신체로부터 독방 중심적이고 유기적이고 생성적이고 결합적인 성격을 지닌 개체성을 창조해낸다. 규율은 네 가지 기술을 갖고 있다. 일람표를 작성하고, 움직임을 규정하고, 훈련을 부과하고, 전술을 짜는 것. 규율적인 실무의 최상위 형태는 전략으로서의 전쟁이다. 전략은 전쟁을 국가 간의 정치를 수행하는 방식으로 이해하게 한다. 고전주의 시대에 국가들 사이에 전략이 탄생하고, 국가들 내부의 개별적인 신체들과 힘이 통제되는 전략도 창조된다. 이것은 사회에 대한 군사적 통제의 꿈이었다. 그 꿈의 준거는 원시적 계약이나 자연 상태가 아니라 기계 장치의 톱니바퀴였다. 철학자들과 법학자들이 사회 조직의 창조를 설명하는 계약을 탐구하는 동안, 규율의 기술자들은 다양한 방식으로 개인과 신체에 대한 개인적이고 집단적인 강압 절차를 만들어냈다.

　　신체는 다시 주의를 끄는 대상이 되었으나 이제는 고문이 아니라 규율과 통제의 힘에 종속되었다. 푸코는 신체를 통제하며 영향을 미치는 다양한 기술들을 분석한다.

　　순종은 규율 활동을 통해 이루어진다. 신체의 활동과 위치를 통제하는 하나의 방식인 규율은 힘이나 폭력과는 다르다. 인문과학 같은 학술적인 '규율' 개념과의 연결이 시도되었고, 이 연결은 나중에 중요해진다. 푸코가 규율의 근원을 수도원에서 찾는다는 사실은 중요하다. 수도사의 행동을 조절하는 수도원의 규칙과 군대의 반복 훈련은 모두 자제와 규칙에 대한 복종을 강조하지만 출발점이 다르다. 시간이 흐름에 따라 규율들이 확장된다는 푸코의 말은 모든 사람이 결국 수도자나 군인이 되었다고 암시하지 않는다. 대신, 그동안 감옥, 학교, 병원 같은 제도들이 사람들을 통제하고 변형시키기 위해 기계 장치처럼 작용했다고 주장한다. 그 제도들은 목적을 달성하기 위해 개인들을 시간과 공간 속에 고정시켰다. 푸코는 이 제도들을 기계와 살아 있는 유기체, 즉 정치해부학의 관점에서 생각한다.

　　공간 속에 있는 개인들의 조직체는 어떤 규칙에 의해

작동한다. 전체 과정은 감옥 같은 더 넓은 공간 안에서 작동한다. 감옥은 더 작은 부분이나 방으로 나누어진다. 규율은 학생들의 줄이나 군인들의 대오 같은 하나의 연속체라는 개념에 의존한다.

시간 통제 역시 중요하다. 푸코는 한 번 더 시간 조절의 기원을 수도자의 생활에서 찾는다. 사람들이 하나의 연속체 속에 갇혀 있다는 개념은 유지하면서, 이번에는 시간표에 의해 통제된다는 것이다. 현대의 시간표가 하루에 더 많은 활동을 하게 만드는 것을 목표로 삼는다는 의미를 지닌 푸코의 '긍정적 경제학'이란 개념을 이해하기는 어렵다.

시간은 더 광범위한 효과를 갖고 있다. 그 효과들은 시계 같은 기계와 개인의 시간을 조절하는 정치 기술을 모두 포함하는 시간의 기술학과 연관되어 있다. 규율은 시계와 똑같은 방식으로 시간을 계산하는 기계가 아니라 개인이 경험하는 대로 시간을 조절하는 방식들이다. 시간은 공간처럼 분할된다. 예를 들어, 죄수의 하루는 세밀한 계획에 의해 한 시간 단위로 나뉘어져 있다. 시간과 공간은 푸코의 규율 체계에서 중요하다. 인간 생활의 가장 기본적인 요소들이기 때문이다. 시간과 공간의 조절은 사람들이 행동하고 사고하는 방식에 영향을 미치는 특히 심원하고 효과적인 전략이다.

푸코는 처음에는 개인이 경험하는 시간과 공간으로 말을 시작하지만, 나중에는 이 시간을 더 광범위한 맥락에 위치시킨다. 모든 사람이 그 안에서 움직이는 더 넓은 유형의 시간이 존재했으며, 18세기에 사회의 진보 개념이 만들어졌다고 주장하는 것. 이성과 인간의 진보에 관심을 가졌던 18세기 철학운동인 계몽주의에 대한 이야기다. 볼테르, 루소, 칸트 같은 작가들로 대표되던 이 운동을 감옥, 시간표, 그리고 다른 기술과 연결 짓고 있다는 점에서 매우 특이하다. 그러나 푸코에게는 철학 주제들과 시간표가 똑같은 권력 구조의 일부라는 것이 중요하다.

훈련은 시간표처럼 수도원의 관례에서 생겨났지만, 활동을 통해 신체를 조절하는 또 다른 방식이다. 구원이 목표였던 기도와 군대식 반복 훈련은 원래 형태의 훈련에 대한 좋은 예들이다. 훈련의 목적이 개인의 이익에서 통제로 변하면서 중요한 변화가 생겨났다. 묵언 기도와 달리 감옥의 '훈련장'이 반드시 수형자들에게 이익이 되는 것은 아니라고 푸코는 주장한다.

푸코가 분석하는 마지막 요소는 신체를 기계 부품으로 보는 개념이다. 시간과 공간의 분할이 발전된 개념이지만 이제 신체는 기계의 톱니바퀴가 되어버린다. 사람의 집단이 고전주의 시대 이전에는 결코 존재하지 않았다는 말이 아니라, 그 집단을 조절하고 통제한다는 개념이 새로운 것이었다고 그는 주장한다. 그러나 사람들을 조정하는 권력은 그들을 개별적인 단위로 만들어버린다. 용어상의 모순 같지만 푸코에게 '개인'이란 것은 다수의 집단이 창조되었을 때만 존재할 수 있다. 집단이 개인으로부터 창조된 것이 아니라 그 반대인 것. 개인을 지식의 대상으로 창조한다는 개념은 나중에 중요한 개념이 된다. 집단에서 개인을 창조한다는 개념은 사회 창조에 대한 일반적인 철학 관점과 모순된다. 철학의 일반적인 관점에 의하면, 사회는 사람들 사이의 계약이나 동의로부터 생겨나는 것이다. 여기서 푸코는 현대 사회에 대한 견해를 드러낸다. 당신이 계약을 통해 사회 속에 들어가는 것을 선택할 수 없고, 사회가 기술과 권력을 통해 당신을 절대적으로 통제한다는 것.

Chapter 2
올바른 훈련의 수단

규율 권력의 중요한 기능은 훈련이다. 규율 권력은 힘을 전체적으로 증가시키고 활용하기 위해 수많은 신체에서 개별 단위들을 창조해낸다. 규율은 개인을 권력 행사의 객체와 도구로 만드는 권력의 특정한 기술이다. 그것은 과거처럼 초월적 위력을 발휘하지 않으면서도 계획적이고 영구적인 관리 방식에 의거해 의심을 품고 조심스럽게 기능한다. 규율 권력의 성공은 단순한 세 가지 요소, 즉 위계질서적 감시, 규범적 제재, 시험에 달려 있다.

위계질서적 감시. 규율 훈련은 관찰 작용에 의한 강제성의 구조를 전제로 한다. 고전주의 시대를 거치면서 '감시 시설들'이 만들어졌다. 감시 시설은 새로운 물리학과 우주론의 일부였고, 빛과 가시적인 것에 관한 새로운 기술들—망원경, 렌즈 등—이 인간을 복종시키기 위한 기술과 수단을 통해 은밀하게 인간에 대한 새로운 지식을 준비했다. 감시 시설은 군대 야영지처럼 만들어졌고, 이 같은 위계질서적 감시 형태는 이후 학교, 병원, 감옥 등에서 계속 발견된다. 규율 제도는 인간의 행위를 현미경처럼 관찰하는 통제 장치를 만들어냈고, 완벽한 규율 구조는 단 하나의 시선으로 모든 것을 끊임없이 감시할 수 있다. 하나의 중심점이 모든 것을 비추는 광원이 되는 동시에 모든 정보의 집약점이 되는 것. 그러나 그 시선은 사실상 중계 지점이 필요했으므로 원형보다는 피라미드형이 효율적이었다. 문제는 감시를 여러 부분으로 분류하는 것이었다. 공장의 감시는 규율 과정의 일부이자 생산력의 일부가 된다. 똑같은 과정이 학교에서도 일어난다. 규율은 힘이 아니라 계산된 응시에 의해 작동된다.

규범적 제재. 첫째, 규율을 중심으로 움직이는 모든 조직의 심장부에는 시간, 행동, 말에 대해 가벼운 벌칙을 갖춘 미시적 형벌 체계가 존재했다. 자체의 고유한 법과 위법행위들이 명확히 규정되어 있기 때문에 거기에서 조금만 벗어나도 처벌을 받았다. 둘째, 규율은 재판의 축소판이라고 할 수만은 없는 특유의 처벌 방식을 갖고 있다. 처벌 대상은 규칙 위반, 규칙 불이행을 포함한 모든 일탈행위다. 셋째, 규율에 따른 처벌은 교정 효과가 있어야 한다. 여기서는 훈련 차원의 처벌이 중시되는데, 규칙 위반에 대한 보복이라기보다는 강제력을 배가시키고 규칙 준수를 반복시켜 훈육 효과를 거두기 위한 것이다. 넷째, 처벌은 선-악을 근거로 행동을 평가하는 보상-제재라는 이중 체계의 한 요소다. 훈육과 교정 과정은 바로 이 체계를 통해 효과를 거두며, 처벌보다는 보상이 더 효과적이다. 다섯째, 서열이나 등급에 의한 분류는 이중 역할을 한다. 즉 자질을 등급화하고, 처벌과 보상도 계층적으로 정리하도록 해주는 것. 따라서 규율은 서열을 분명히 정하고 진급이나 낙제를 통해 보상하고 처벌한다. 서열 자체가 보상이나 처벌이 되는 셈.

이런 처벌 기술은 개인의 행위들을 차등화의 공간인 어떤 전체 체계에 관련시키고, 최소한 작용하는 규칙에 의거해 개인들을 비교하고 구분하며, 개인을 측정하고 가치 등급을 매기며, 비정상을 추적해낸다. 매순간을 통제하는 상설적인 처벌 제도는 본질적으로 규격화하는데, 법률과 조문, 그리고 일반적 범주의 자료에 근거해 행위를 명확히 규정하는 사법적 형벌 제도와는 구별된다. 규율 중심적 구조는 '규범에 의한 형벌 제도'를 만들어낸다. 병원, 공장, 학교 안에 존재하는 규격화는 감시와 더불어 고전주의 시대 말기에 이르러 가장 훌륭한 권력 도구 가운데 하나가 된다. 과거에 신분, 특권, 소속을 나타내던 여러 표시들은 '정상적' 집단에 속한다는 개념으로 대체되었다. 규격화를 추진하는 권력은 동질성을 강제하고 개인들 사이의 차이점을 측정하고 조정해서 유익한 것으로 만든다.

시험. 감시 위계질서의 기술과 규격화 판단의 기술을 결합시킨 시험은 자격을 부여하고 분류하고 처벌할 수 있는 시선으로서 개개인을 가시성의 대상으로 만들어버린다. 규율의 모든 장치 안에서 고도로 관례화된 시험은 고전주의 시대의 새로운 모습이다. 시험─환자에 대한 진찰과 검사─하는 기관으로서의 병원이란 조직은 18세기의 특징 중 하나다. 마찬가지로 학교도 일종의 시험 기관이 된다. 시험에 의해 몇 가지 새로운 특징이 나타난다. 첫째, 시험은 권력 행사가 지니는 가시성의 경제를 뒤집어놓는다. 시험에서는 군주가 아니라 대상이 보이는 것. 둘째, 시험은 개인을 자료의 영역 속에 집어넣는다. 대량의 기록물이 개인을 고정시키는 것. 셋째, 각 개인은 분석되고 기술될 수 있는 하나의 '사례'가 된다. 즉 지식의 대상인 동시에 권력의 포획물이 되는 것.

이처럼 시험은 개인을 권력의 결과와 대상으로 만드는 과정의 중심에 자리하고 있다. 규율은 소위 개인화에 관한 정치적 축의 전환이라고 할 만한 현상이 실현되는 계기를 보여준다. 고위층에서 가장 두드러지는 개인화 현상이 기능적이고 익명적인 권력에 영향을 받는 사람들의 개인화 현상으로 이동하는 것. 어른보다 어린이, 건강한 사람보다 환자, 보통 사람보다 광인이나 비행자가 더 개인화한다. 만약 당신이 한 남자를 개인화하고 싶으면 그 사람에게 남들이 모르는 광기가 있는지 물어보라.

권력은 배제하거나 억압하지 않는다. 대신, 현실적인 것, 그리고 객체에 관한 영역과 진실에 관한 의식(儀式)을 생산한다. 개인과 개인에 대한 지식은 생산 영역에 속한다. 개인은 정치 이론의 기능적 원자이면서, 푸코가 '규율'이라고 부르는 권력의 기술에 의해 만들어지는 현실의 모습이다. 그런데 규율이 어떻게 이런 결과를 성취할 수 있었을까?

푸코는 이제 개체나 신체들이 집단에서 어떻게 만들어졌는지를 알아내기 위해 규율 권력과 그 작용을 탐구한다. 개인은 권력이 만들어낸 현대적 발명품이다. 관찰되고 평균적 행위라는 '규범'에 의해 비교되는 것은 신체다. 이 장에서는 규율의 실행보다는 관찰과 훈련에 의한 규율의 작용을 더 많이 설명한다.

감시가 다시 중요해진다. 그러나 감시는 더 많은 변화를 겪는다. 대중이 형 집행을 쳐다보는 과정이라기보다는 강압적인 구조가 된 것. 푸코가 전하려는 요점은, 당신이 끊임없이 감시당함으로써 무엇인가를 어쩔 수 없이 또는 강제적으로 하게 되는 상황이 생긴다는 것이다. 자의식을 강하게 느끼면서도 행동은 변한다. 이것은 권력의 작용을 보여주는 아주 훌륭한 예다. 물리적 폭력이 없는데도 신체에 어떤 효과가 일어나는 것이다.

푸코는 감시 과정뿐만 아니라 감시가 작용하는 제도들의 발전을 도표로 보여주면서, 완벽한 규율 제도는 그 안에서 모든 것이 즉각 보인다고 주장한다. 다음 장에서 논의되는 일망 감시체계(원형감옥)을 언급한 것이 분명하다. 푸코가 감시 시설들의 발전을 과학 발전과 연계시키는 방식을 보면 과학사에 대한 그의 초기 관심뿐만 아니라, 그의 작업이 증거를 모으기 전에 이론부터 만든다는 비판을 듣는 것에 대해서도 알 수 있다. 그런 감시 시설들이 고안되었는지, 군대 야영지가 실제로 그가 기술한 방식대로 작동되었는지는 확실하지 않다. 이것은 역사적 증거보다는 사회에 대한 푸코의 철학적 해석에 더 의존하고 있는 전반적인 논거에는 불필요할 수도 있다.

규범에 대한 논의는 사법적 심문에 대한 푸코의 논의에서 이루어졌던 논점으로 되돌아간다. 판단의 위상이 현대 이전에 바뀌었다는 것. 이제 판단은 자의적인 기준과 관계를 맺으면서, 이 기준에 따라 학생, 군인, 수형자들이 관찰되고 측정된다. 규범적인 것은 좋고, 비정상적인 것은 나쁘고 고쳐져야 한다. 처벌은 규범으로부터의 일탈을 교정하고, '규범'에 따라 사람을 서열로 조직화하고 분류한다. 푸코가 보는 규범은 일탈자들과 '비정상적인 사람'을 억누르고 강

제하는 아주 부정적이고 해로운 개념이다. 〈감시와 처벌〉의
목적은 이런 과정이 얼마나 부자연스러운지를 보여준다.

　시험은 감시의 과정과 규범화를 결합한다. 18세기에
발전한 시험이란 개념은 병원의 시험과 학교의 시험을 모
두 의미한다. 시험에 의해 개인은 검토되고, 기록되고, 분석
된다. 푸코가 의학의 역사인 〈임상병원의 탄생〉에서 언급하
는 '치료적 시선'의 개념과 많이 유사하다. 개인화에 대한
그의 부정적인 개념은 중요하다. 광고와 대중 매체는 '개인
들'로 여겨지는 사람들에게 찬사를 보내는 경향이 있지만,
푸코에게 개인은 권력이 건조한 해로운 고안물이다. 당신
은 더 비정상적이고 더 배제될수록 더 개인적이 된다. 개인
화는 정신병자와 죄수의 표시로, 자기 자신의 삶을 통제하
는 것과는 아무런 관계가 없다. 배제된 사람들을 해방시키
고 그들이 말하도록 하기 위해 우리는 그들을 익명으로 만
들거나 '정상적인' 사회와 분리시키는 구조들을 노출시킬
필요가 있다.

Chapter 3
일망(一望) 감시체계

　　푸코는 17세기 말의 한 법규에 규정된 페스트 확산 대비책을 기술하는 것으로 시작한다. 공간의 분할과 집의 폐쇄, 이동 금지, 끊임없는 조사와 등록 등의 지속적인 기록 장치에 의해 검역과 정화를 위한 감시 과정이 작동한다. 이처럼 페스트는 명령에 의해 대처된다. 나환자들을 추방한 목적은 순수 공동체를 만드는 것이었지만, 페스트 대비책들은 규율이 확립된 공동체를 겨냥하고 있다. 나병에서 추방의 의식들이 만들어졌다면, 페스트는 규율의 도식을 탄생시켰다. 전자에는 대감호*를 본뜬 격리가 있고, 후자에는 개별적 훈육을 통한 세분화가 있다. 이처럼 상이하면서도 양립될 수 없지도 않은 두 가지 도식은 점차 서로 가까워진다. 나환자

---

*　**대감호**(大監護): 1656년에 '구빈원'이란 이름으로 사회 질서에 반하는 기인, 범죄자, 부랑자, 성병환자, 매춘부, 걸인 등을 대규모로 가둔 것.

를 페스트 환자처럼 다루게 된 것. 그리고는 오늘날까지 계속되는 정상/비정상의 이원적 특성 표시와 나환자들의 추방을 전혀 다른 대상들에게 적용시키고, 비정상인들을 평가하고 통제하고 교정하는 모든 기술과 제도는 페스트의 공포가 만들어낸 규율 구조를 작동시킨다. 여기서 비정상적인 개인들을 통제하기 위한 모든 현대적 구조가 파생된다.

이어 푸코는 벤덤의 일망 감시체계에 대해 논한다. 일망 감시체계는 중앙에 탑이 있고, 그 탑으로부터 수형자나 학생들이 갇혀 있는 독방을 감시할 수 있다. 가시성은 하나의 함정이다. 각 개인은 보이지만 감시자는 보이지 않고, 다른 수형자들과의 접촉도 차단된다. 군중은 사라져버리고, 개인은 정보의 대상이 되기는 해도 정보 소통의 주체는 되지는 못하는 것. 일망 감시체계는 권력의 기능을 보장하는 영속적인 가시성을 유발한다. 권력은 가시적이지만 확인할 수 없어야 한다는 것이 벤덤의 판단이었다. 수형자는 항상 탑을 볼 수 있지만 어디서 자신을 감시하고 있는지 전혀 모른다.

일망 감시체계가 베르사유의 왕실 동물원에 근거한다는 가능성이 제기되었다. 개별화한 관찰, 특징 표시와 분류, 공간의 분석적인 계획 배치 등이 유사하다는 것. 일망 감시 시설은 박물학자처럼 목록 작성과 분류 작업을 가능케 해주고, 권력 실험실로서 관찰 구조를 통해 수형자들과 직원들에 대한 실험들을 시행했다. 페스트에 감염된 도시와 일망 감시체계는 규율 프로그램의 변모를 여실히 보여준다. 전자는 예외적 상황에서 권력이 가공할 만한 악에 대항하기 위해 발동된 것이었고, 후자는 일상생활과 권력의 관계를 정의하는 하나의 방식으로서 그 기능이 일반화할 수 있는 모형이다. 일망 감시체계는 꿈의 건물은 아니지만 권력의 도식이 이상적인 형태로 압축되어 통제 가능한 사람들의 수를 증가시키고 운용에 소요되는 사람 수를 감소시켜 권력의 작용을 완벽하게 해주며, 건물과 기하학적 배치 외에 다른 물리적 수단을 행사하지 않으면서도 개인의 정신에 작용하는 권력을 주고, 외부에서 누구든 항상 감시하고 개입할 수 있기 때문에 폭정의 상태로 변질될 위험이 없다.

일망 감시시설은 사회 전체로 확산될 운명이었다. 단순한 건축적 착상을 통해 정신 상태를 개조하고, 건강을 지켜주고, 경제를 발전시키고, 교육을 보급하고, 대중의 도덕을 향상시키는 등의 문제를 해결할 수 있기 때문이다. 권력을 더 경제적이고 효율적으로 만드는 목적은 권력 자체를 위한 것이거나 위기에 처한 사회를 구하기 위한 것이 아니다. 바로 생산 증대, 경제 발전, 교육기회 확대 등의 사회 역량 강화다. 일망 감시체계는 군주의 힘을 빌리지 않더라도 권력의 효용성을 증대시키는 신체와 힘의 예속을 보여준다. 고전주의 시대에 만들어진 규율은 명확히 규정되고 폐쇄된 장소―병영, 학교, 공장 등―에 국한되어 있었으나 벤덤의 생각은 규율이 사회 전체로 확산되어 여러 장치에서 작동하게 만드는 것이다. 그는 규율 구조가 세세하게 침투하는 사회의 기초적인 운용 공식을 규정한다. 규율에는 두 가지 이미지가 존재한다. 첫째, 봉쇄적인 규율. 사회의 외곽에 위치한 예외적으로 폐쇄된 공간의 이미지. 악의 저지, 정보 차단, 시간의 단절 등 부정적인 기능으로 치우쳐 있다. 둘째, 일망 감시방식을 포함한 규율 구조로서의 규율. 권력을 보다 효과적으로 작동케 하는 기능적 구조의 이미지. 미래 사회를 위해 교묘한 강제권을 구상한다.

전자에서 후자로의 이동은 17세기와 18세기에 걸쳐 규율 사회가 형성되었다는 것을 나타낸다. 한층 더 심층적인 다른 과정들도 작동했다. 첫째, 규율의 기능적 전환. 소극적인 분리에서 개개인의 효용성을 증대시키는 적극적 역할로 변한다. 둘째, 규율 구조의 확산. 규율 시설이 다양해지고 폐쇄적인 상태에서 벗어나 사회에 확산되면서 유연한 통제 방식으로 전환된다. 셋째, 규율 기구에 대한 국가 관리. 오랫동안 일종의 사립단체가 담당했던 다양한 사회적 규율의 기능을 모두 대상화해서 중앙 집권적 경찰 조직이 파고든다.

폐쇄적인 규율로부터 무한히 일반화될 수 있는 '일망 감시체계'로 변해가는 과정에서 우리는 여러 가지 역사적 과정과 연결된 규율 사회의 형성을 이야기할 수 있다. 첫째, 규율들은 눈에 띄지 않고 경제적으로 작동하는 권력의 전술들을 공들여 만들어서 다수 대중을 확실하게 순서지우는 기술이다. 이 전술들의 목표는 권력 체계를 구성하는 모든 요소들의 순종성과 효용성을 증가시키는 것이고, 인구와 감시받을 숫자의 증가와 일치한다. 규율은 신체의 힘을 가장 비용이 적게 드는 정치적인 힘으로 변환하고 유용한 힘으로 극대화시키는 단일화된 기술 과정이다. 이런 기술들은 자본주의 경제의 발전으로 다양한 체제나 기구를 통해 작동할 수 있는 상황이 되었다. 둘째, 권력의 일망 감시적 방법은 완전히 독립적인 것이 아니다. 규율과 일망 감시체계는 권리들이 보장되는 과정의 이면(裏面)인 것. 계몽주의는 자유와 함께 규율도 발명했다. 셋째, 18세기의 새로운 점은 규율 기술들의 조합이다. 그리고 그것은 다른 기술들의 발전 안에서 일어났다. 중세에 사법적 심문이 고안되었듯, 18세기에는 규율과 시험이 고안되었다. 근대적 형벌 기술들은 시험이 심문에 침투한 것을 보여준다.

구체제 형벌의 극단은 죄수의 신체를 난도질하는 것이었다면, 오늘날 형벌의 이상적인 상태는 무한한 시험이다. 시간표, 강제 노역, 감시 등, 여러 요소를 갖춘 독방식의 감옥이 근대의 형벌 도구이고, 공장, 학교, 병원이 그것을 닮아 있다는 사실은 놀랄 일이 아니다.

여러 면에서 이 장은 이 책의 심장부다. 푸코는 일망 감시체계가 근대 사회에서 규율과 처벌이 작동되는 방식을 대표한다고 생각한다. 그것은 작동하는 권력의 도표이기도 하다. 독자가 일망 감시체계의 설계도를 보면서 감시와 시험의 과정들이 어떻게 작동하는지를 깨닫기 때문이다.

일망 감시체계는 푸코의 전형적 책략인 대조를 통해 도입되었다.(처형과 시간표 사이의 대조를 생각할 것) 그러나 페스트는 흥미로운 사례다. 첫째, 푸코는 페스트에 대한 실질적인 설명보다는 그 대책들에 대한 자료를 검토한다. 그에게 실제 페스트에 대한 설명은 중요하지 않다. 조문(條文)들과 현실이 서로 밀접하게 작용하기 때문이다. 우리는 어째서 페스트가 규율 구조의 정의(定義)와 반대의 이미지로 작용하는지 의문을 가질 수 있다. 그것은 페스트가 질서의 상실을 나타내기 때문은 아니었다. 질서 회복은 공개적인 형 집행 같은 의식의 목표였다. 페스트에 감염되면서 정상과 비정상의 경계들이 희미해졌기 때문이다. 누구나 아플 수 있고 결과적으로 비정상이 될 수 있는데, 페스트의 경우에는 특히 위험했다.

푸코는 일망 감시체계에 초점을 맞춰 전체 논거의 상징으로 채택한다. 모든 사람이 감시받고 분석되는 규율 이론은 그 작용들이 쉽게 수행되도록 해주는 한 건물 속에 구현되어 있다. 일망 감시체계는 페스트에서 증명된 감시의 필요성에서 발전되었다. 페스트 대책들은 사회를 보호하기 위해 필요한 조치였다. 일망 감시체계는 권력이 효과적으로 작동하게 해주는 기능적이고 영속적인 구조다. 전자에서 후자로의 전이(轉移)는 규율이 감시와 시험에 근거하는 사회로의 이동을 나타낸다. 규율 사회는 모든 거리에 일망 감시체계를 필연적으로 갖춘 사회는 아니며, 국가가 그 같은 강압적 방식들을 통제하고 사회 전체에 작용시키는 사회다. 규율 사회의 발전은 사회·경제적 요인들, 특히 인구 증가와 경제 발전과 연관되어 있다.

고도로 발전된 사회는 더 많은 통제와 감시의 기회를 부여한다고 푸코는 주장한다. 이것은 자유와 권리들과의 관계를 설명해 준다. 근대 사회는 모든 시민이 자유롭고 국가에 대해 어떤 요구들을 할 권리를 가졌다는 생각에 근거하고 있다고 푸코는 주장한다. 이런 사상은 푸코가 기술하는 통제의 기술들과 더불어 18세기에 발전했다. 그는 이러한 정치적 사고들에 반대하는 것이 아니며, 단지 시민들을 통제하고 시험하는 구조들을 제외하면 그런 사실들을 이해할 수 없다는 것이다. 이런 시험은 사회로 확산된다. 학교, 공장, 병원, 감옥들이 서로 닮아 있는 것은 외형이 유사해서가 아니라 학생, 노동자, 환자, 수형자들을 시험하고, 개별 분류하고, '규범'에 맞추려고 노력하기 때문이다. 현대인들이 적어도 몇 개의 이런 제도들 안에서 삶의 상당 부분을 보낸다는 사실은 사회가 얼마나 많이 변했는지를 보여준다.

Chapter 1
완벽하고 엄격한 제도들

: 요점정리

감옥의 기원은 형법에서 체계적으로 활용되기 이전으로 거슬러 올라간다. 18세기와 19세에 감금이란 형벌은 '새로운' 것이었으나, 강제 구조를 다른 곳에서 형벌로 이동시킨 것이었다. 감옥-형벌이 오래 전부터 지녀왔던 명백한 논리는 이내 자명해졌다. 감옥이 사회의 기능과 밀접하게 연결되어 있었기 때문에 다른 처벌 형태는 생각할 수 없었던 것. 이제 우리는 '대용물'을 생각할 수 없다. 우리 사회가 자유에 근거해 만들어졌기 때문에 자유를 박탈하는 감금은 명백한 처벌이다. 감옥의 자명성(自明性)은 개인들을 변화시키는 도구로서의 역할에도 근거하고 있다. 감옥은 감금과 교정을 통해 사회체에서 발견되는 구조들을 재생산하며, 항상 자유의 박탈과 동시에 교정 기술에 의한 개인들의 변화를 담당한다. 항상 논쟁의 초점이었던 감옥 개혁운동은 최근에 일어난 일이 아니고, 감옥이 실패해서 생겨난 것도 아니었다.

개인들에 대해 완벽한 권력을 갖는 감옥은 '전능한 규율'로서, 몇 가지 형식을 띠고 완전한 성격 개조를 한다. 첫째, 수형자를 다른 수형자들과 세상으로부터 분리한다. 둘째, 수형자의 시간과 생활을 조절해서 습관을 부과한다. 셋째, 감옥은 형벌에 대한 조절 도구로서 판결의 집행을 통해 그 작동을 보장한다. 구금의 질과 기간은 범죄가 아니라 감옥에 의해 결정된다. 범죄 이후에 수형자의 도덕을 감시하는 감옥은 구금 이상을 의미한다. 그곳이 작업장이자 치료와 정상화가 이루어지는 병원이기 때문이다. 이런 조합은 감화원에서 행해지는 것으로 알려져 있다.

감옥이 자유의 박탈만을 의미해야 한다는 생각 때문에 이런 추가 사항들은 쉽게 받아들여지지 않았다. 감옥은 개인에 대한 관찰 장소가 되었고, 감시와 지식의 문제가 되었다. 그 목적을 달성하기 위해 대부분의 감옥은 일망 감시시설을 모방하고 있다. 범죄자는 알아야 할 대상으로서의 개인이 되어버린다. 감화원은 범죄자를 비행자로 대체한다. 비행자의 생활은 그의 범죄보다 중요하다. 비행은 법이 아니라 규범에 의해 정의된다. 과학으로서의 범죄학은 감화원이 행위를 위법으로 규정하고 개인을 비행자로 정의할 수 있기 때문에 가능하다. 범죄자의 고문받는 신체가 사라지면서 비행자의 정신이 등장했다. 그러나 감옥은 다른 곳, 즉 규율 권력에 고유한 구조로부터 생겨난 것이었다. 감옥이 거부 반응을 일으키지 않은 이유는 비행이란 것을 만들어냄으로써 인문과학에 의해 정당성이 입증된 대상들의 영역을 형법에 마련했기 때문이다. 감옥은 형벌이 은밀하게 치료로 조직화된 장소이기 때문에 지식의 일부가 된다.

푸코가 이제야 겨우 감옥에 대해 토론하기 시작한 것이 이상하게 생각될지 모른다. 그러나 푸코는 앞서 진행된 발전에 대해 이해가 되었을 때만 감옥을 분석할 수 있다고 주장한다. 이번 장에서는 자신이 경험한 감옥개혁 활동에 연결된 감옥의 부상(浮上)과 추락에 대해 복잡한 설명을 시작한다.

요점은 감옥을 사회에 통합하는 것이다. 감옥은 사회에 아주 깊이 뿌리를 내리고 있기 때문에 그것을 없앤다는 생각은 할 수도 없다. 푸코는 실용적인 용어로 우리가 다른 뚜렷한 방도, 즉 이론적으로 그 안에서 구금 시설을 운영하는 처벌의 담론을 발전시키지 못했다고 주장하고 싶어한다. 우리가 감옥 없이 어떻게 할 것인지가 아니라 감옥으로 무엇을 해야 할지에 대해서만 이야기할 수 있는 상태에 도달

했다는 것. 이 말은 그가 개인적으로 감옥개혁 운동과 연관되어 있었으므로 이상하게 들릴지도 모르지만, 공개되어야 할 감옥의 조건들에 대해 더 많은 정보를 얻어내려고 운동을 펼쳤다는 것을 기억해야 한다. 그의 철학과 마찬가지로 정치 생활에서도 감옥을 없앤다는 것은 논외의 일이다.

어떤 의미에서 보면, 감옥은 감옥 밖에서 작동하는 관찰과 시험 구조가 확장된 복잡한 제도다. 수형자의 행동은 기록되고, 정신 상태는 평가되고, 비정상성은 목록화되며, 당연히 부단하게 관찰된다. 감옥의 첫 번째 목표는 죄수의 자유를 빼앗는 것이지만, 운동, 노동, 훈련을 통해 성격을 개조하는 것도 포함된다.

푸코는 자신의 주장을 다시 한 번 전개하면서 현대의 감옥은 감옥이 아니라 감화원이라고 말한다. 감화원은 수형자들이 생산 체계에 참여하는 작업장과 의학적 관찰이 작동하는 병원의 다양한 기능들이 결합되어 있다. 이런 추가 기능들은 부분적으로는 경제적인 이유와 감옥에서의 권력의 효율성을 증가시키기 위해 보태진 것으로, 그 변화는 감옥에 갇힌 주체에 대한 재정의와 맞아떨어진다. 수형자는 비행자가 된다. 이 범주는 다음 장에서 탐구한다.

감화원은 지식이 중요한 곳이기도 하다. 비행자들에 대한 관찰과 분류는 새로운 종류의 과학에 의존하고, 새로운 과학을 창조하도록 돕는다. 이것이 바로 인문과학, 특히 범죄학이다. 현대 이전의 범죄자들은 대중 문학에 의해 쓰여졌지만, 푸코가 의미하는 바의 '지식'은 아니었다. 지식은 특별한 기술적 수단을 통해 어떤 주체나 개인에 대해 획득된 사실들을 조직해서 모아놓은 것이다. 수형자가 개인이나 비행자가 되면 지식의 대상이 될 수 있다. 권력은 인문과학이 지식에 대해 만들어놓은 주장을 정당화함으로써 비행자는 규율 권력과 그 권력이 창조한 지식 사이의 복잡한 관계 안에 휘말리게 된다.

Chapter 2
위법행위와 비행

감금은 항상 기술적인 계획이었다. 공개적 형 집행이 감금으로 전이된 것은 교묘한 기술적 변화였다. 그 변화의 한 가지 징후가 죄수들의 쇠사슬 대신 죄수 호송차로 대체된 것이다. 사슬에 매인 죄수는 공개적인 구경거리로, 공개 형 집행의 전통과 연결된 이동식 범죄전람회였다. 사슬에 매인 그 죄수 행렬을 일종의 움직이는 일망 감시시설이 대체한 것. 일망 감시적인 호송은 오래 지속되지 않았지만, 개혁의 중심에 있는 형벌적 감금이 공개 형 집행을 대체한 방식을 보여준다.

감옥은 그곳의 현실과 명백한 결과들 때문에 형사 사법의 대실패 사례로 비난을 받았다. 기이하게도 감옥의 역사는 실패의 인식, 그리고 그 후의 개혁과 성공 또는 실패라는 확인의 연대기를 따르지 않았다. 사실, 감옥에 대한 비판은 예전에도 있었고, 다양했으며, 오늘날에도 거의 변함

없이 되풀이된다. 첫째, 감옥은 범죄율을 감소시키지 않는다. 둘째, 감옥은 재범을 야기한다. 셋째, 감옥은 제약과 생활방식에 의해 비행자를 양산한다. 넷째, 감옥이 비행자들 사이에 계층 질서를 이루고 미래의 범죄를 공모하는 집단의 조직을 가능케 하며, 그것에 참여하도록 조장한다. 다섯째, 감옥은 석방된 수형자들이 경찰의 감시, 거주지 제한 등의 제약으로 인해 재범의 굴레에서 벗어나지 못하게 한다. 여섯째, 감옥은 수감자의 가족을 가난에 빠뜨려 간접적으로 비행자를 양산한다.

비판자들은 항상 감옥의 행형 기술이 초보 상태여서 교정 기능을 효과적으로 수행하지 못했다거나 교정에 역점을 두면 가혹행위에서 얻게 되는 처벌 권력의 효과가 상실된다고 주장했다. 그러나 대답은 항상 행형 기술의 원칙을 반복하는 것이었다. 1972-74년에 일어났던 프랑스 감옥의 폭동은 1945년 개혁안의 실패가 원인이며, 본래의 원칙으로 돌아갈 수밖에 없다는 사실을 보여준다. 사실, 이 같은 개혁의 주요 특질들은 보편적 준칙으로 150년간 바뀌지 않았다. 첫째, 구금은 개인의 태도를 변화시켜야 한다. 그 근본 목적은 수형자의 개선과 사회 복귀다. 교정의 원칙. 둘째, 수감자들은 형벌의 경중, 나이, 기질, 변화의 상태에 따라 분리되고 분할되어야 한다. 분류의 원칙. 셋째, 형기는 개인별 행형 결과에 맞춰 조절되어야 한다. 형벌의 주된 목적은 죄인의 교정이므로 도덕적 갱생이 확실할 경우에는 석방하는 것이 바람직하다. 형벌 조절의 원칙. 넷째, 노동은 수감자의 변화와 사회화에 필수적인 부분이다. 형벌의 보충이나 가중으로서가 아니라 그 제거도 가능한 완화책으로 간주되어야 한다. 수감자의 의무이자 권리인 노동의 원칙. 다섯째, 수감자 교육은 수감자에 대한 의무이자 사회를 위한 필수적 예방 조치다. 행형상 교육의 원칙. 여섯째, 감옥체계는 부분적으로 특별 요원들에 의해 통솔되고 관리되어야 한다. 감금에 대한 기술적 통제의 원칙. 일곱째, 수감중이거나 풀려난 후에도 수감자에 대한 감시와 도움을 통해 사회 복귀를 용이하게 해주어야 한다. 부수적인 제도의 원칙.

시대마다 똑같은 기본 원칙들이 반복되었다. 우리는 감옥, 감옥의 실패와 개혁을 세 단계의 현상이 아니라, 자유에 대한 사법적 박탈에 근거한 동시적 체제로 생각해야 한다. 이 체제는 감옥의 규율화, 객관성 증대, 범죄의 재생, 개혁의 반복을 포함하고 있으며, 이것이 감옥체계다. 실패는 감옥의 본질적인 부분이다. 감옥이 아주 오랫동안 살아남은 이유라면 감옥체계가 깊이 뿌리를 내렸고 특별한 제 기능을 수행했기 때문이다.

만약 감옥이 범죄를 줄이려고 한다면 억압의 제도로서 실패하고 만다. 어쩌면 우리는 감옥의 실패가 어디에 유익한지를 물어야 할지 모른다. 감옥은 위법행위를 제거한다기보다는 차라리 그것을 구분 짓고 활용하는 것으로 간주해야 한다. 이를테면, 어떤 경제성을 지닌 위법행위를 제공하는 것. 18세기 말 개혁의 일반적인 도식은 위법행위에 대한 투쟁과 연관이 있다. 상이한 사회 계층들의 위법행위를 병렬적으로 유지시켰던 상호 이해관계의 전체적인 균형이 깨져버렸고, 19세기 초에 세 가지 과정으로 파악되는 새로운 대중적 위법행위의 위험이 생겨났다. 첫째, 대중적 위법행위가 정치적 차원의 투쟁으로 전개되었다. 둘째, 대혁명에서 이익을 취한 부르주아지의 새로운 토지 소유제와 노동착취 제도에 항거해서 농민과 노동자들의 위법행위가 전개되었다. 셋째, 범죄가 더욱 특정화되었다. 다양한 불법행위들이 한데 모여 법과 법을 강요하는 계급에 새로운 위협이 된 것.

대중적 위법행위는 세 가지 방법으로 확산되었다. 첫째, 일반적이고 정치적인 견해로의 편입. 둘째, 사회적 투쟁들과의 연결. 셋째, 다양한 형태와 층위의 위법행위들 사이의 연계. 비록 아직은 완전한 형태로 발전되지 않았지만, 사회의 관리 계층 사이에 범죄 가능성이 있는 하층민에 대한 공포를 자아냈고, 양극화나 계층 간의 불균형을 야기했다. 범죄 계층이 하층민과 동일시되었기 때문이다.

이처럼 감옥은 사실상 계속 성공을 거두면서 여러 위법행위 사이에 한 형태의 위법행위를 야기해서 폐쇄된 비행 세계로 분리하고 조직화한다. 비행은 감옥을 통해 감소시키려고 애쓰는 가장 나쁜 형태의 위법행위가 아니라 위법행위를 감시할 수 있게 만드는 형벌 제도의 결과다. 감옥은 다른 범죄들과 분리될 수 있는 정치적·경제적으로 덜 위험한 형태의 위법행위인 비행을 지극히 성공적으로 생산해 왔다. 너무나 성공한 나머지 150년간 실패한 후에도 여전히 살아남을 정도.

감옥은 어째서 그것이 싸워야 할 비행을 만들어내는 것일까? 비행에는 몇 가지 이점이 존재한다. 첫째, 비행은 감시될 수 있다. 비행자들은 작은 집단이기 때문이다. 둘째, 비행은 정치적·경제적으로 영향을 미치지 않는 위법행위들 쪽으로 이끌어갈 수 있고, 주력 집단에서 분리될 수도 있다. 셋째, 비행은 강제 이주를 통해 식민화 계획에 유용할 수 있다. 넷째, 비행자들은 정보원으로서 정치적 유용성을 갖고 있다.

그러나 비행 집단의 조직화는 조직화된 경찰력의 감시 없이는 불가능하다. 비행의 감시를 통해 전 사회 영역을 통제할 수 있는데, 감시는 오직 감옥과 더불어서만 작동하고, 감옥은 통제하기 쉬운 비행자 조직을 만들어낸다. 감옥과 경찰은 함께 폐쇄된 비행 세계를 만들어내고, 각 부분은 서로를 지탱한다. 경찰은 범법자들을 공급하고, 감옥은 그들 중 일부를 다시 감옥에 집어넣는 경찰 단속의 대상이자 보조자로 변화시키는 것. 비행자들을 하층민과 분리시키려는 시도들이 있었지만 실패했다. 민중신문들에서는 범죄와 형벌 제도에 대한 논의가 있었고, 19세기 후반의 무정부주의자들은 범죄를 식민지처럼 지배한 부르주아지의 합법성과 위법행위로부터 비행을 분리시키고, 대중적 위법행위들의 정치적 통일성을 재확립하려고 시도했다.

여기서 중요한 주제는 교정 장치로서의 감옥의 실패다. 감옥의 역사는 설립, 실패, 그리고 개혁의 시도로 보는 것이 상식적일지 모른다. 사람들은 감옥이 직선을 따라 발전한 하나의 제도로 간주할 수 있겠지만, 푸코는 이런 직선 모형을 거부한다. 그가 선호하는 원형 쪽은 하나의 상태가 또 다른 상태를 영속적으로 뒤따르는 어떤 체계로, 모든 요소는 불변이고 나름대로 완벽하다. 감옥이 비행의 개혁에 실패했다는 비판은 요점을 놓치고 있다. 푸코의 주장에 의하면, 감옥체계의 목표는 범죄의 제거가 아니라 범죄에 관한 지식의 재조직화이기 때문이다.

정신병원처럼 감옥은 '비정상인'이나 사회의 위법적 요소들을 분리하고 표시해서 통제될 수 있는 무엇인가를 '만들어내고', 국가는 이것을 여러 용도로 쓸 수 있다. 푸코는 감옥이 범죄를 만들어내는 것이 아니라, 단지 감옥이 없었다면 범죄와 범죄자가 다른 방식으로 인식될 것이라고 주장한다. 감옥은 사회의 중요한 건물 구획인 것이다. 그 밖의 다른 것을 바꾸지 않으면서 감옥을 제거한다는 것은 요원한 일이다. 감옥체계의 존속과 부상(浮上)에 대한 푸코의 설명은 위법행위에 집중되어 있다. 상당 부분의 대중적 행위가 법을 피하거나 법 밖에 있다는 것. 푸코는 대중의 위법행위가 18세기에 상품 쪽으로 이동했다고 분석한 바 있다. 19세기에는 이런 흐름이 진전되었다. 재산에 집중되었던 위법행위가 정치적 불법으로 이동한다. 푸코는 소작인이 닭을 훔치고 지주의 집을 불사르는 방식에서 프랑스 혁명이나 1848년의 유럽 혁명 때 널리 퍼진 정치 활동으로의 전이를 생각하는 것. 이 이론은 흥미롭지만 문제가 있다. 일반적으로 정치적 반란은 19세기의 발명품이 아니었으나 사회 계층들 사이의 갈등으로 여겨진다면 푸코의 말이 맞을 수도 있다.

푸코는 위법행위들이 사회 계층들 사이의 관계 속에 완전히 묶였고, 그 결과로 생긴 상위 계층과 하위 계층 사이의 갈등으로 인해 사회의 관리자들이 그러한 위법행위의 갈등들을 범죄적인 하층민의 개념으로 변형시켰다고 주장한다. 그러나 하위 계층이 많았고 경제적으로 필요한 집단이었기 때문에 문제를 드러냈다. 신속하게 대중의 반란과 위법행위를 통제할 필요가 생긴 것.

그 해결책은 비행이었다. 비행자는 특별한 법을 어긴 사람이 아니라 위법행위와 범죄를 함의하는 어떤 집단의 일부다. 사회의 다른 분야에서 작동되던 똑같은 기술들을 사용해 확인과 통제가 용이한 비행자들이란 하위 계층을 만들어냄으로써, 이러한 권력 갈등은 해결될 수 있을 것이다. 궁극적으로 푸코는 감옥과 감옥체계를 18세기와 19세기의 계급적·경제적 갈등에서 발전된 더 넓은 규율 체계의 일부로 간주한다.

Chapter 3
감금 체계

푸코는 감옥 제도의 완성 날짜를 메트래 소년감화원이 개원한 1840년 2월 22일로 잡는다. 이곳은 가장 강도가 높은 규율 형태이고, 강제적 기술 체계—수도원, 감옥, 학교, 군대, 작업장—가 집중된 기관이다. 소집단으로 구성된 메트래의 지휘자들과 차석들은 행동을 다루는 기술자들이었고, 순종적이고 유능한 신체를 만들어내는 것이 임무였다. 인문과학의 역사를 연구하는 사람들은 과학적 심리학의 탄생 시기를 이 때로 잡는다. 메트래는 새로운 유형의 감시가 탄생한 것을 의미한다.

이 시기를 현대 처벌 기술의 시초로 선택하는 이유는 무엇인가? 메트래는 가장 유명한 감옥 제도였다. 비록 고전주의 시대 유형의 거대한 감금 체계는 해체되었다고 해도 여전히 다른 방식으로 존재하고 있었다. 감금, 사법적 처벌, 규율 제도들을 포함하는 감옥 연속체가 구성되었던 것. 이 같은 현상의 폭과 조숙성은 놀라웠다. 감옥은 처벌 절차를 행형 기술로 바꿔 몇 가지 중요한 결과를 낳았다. 첫째, 무질서에서 범죄로, 그리고 다시 '규범'에 따른 일탈로 이동할 수 있게 하는 느리고 연속적인 단계적 변화가 확립되었다. 둘째, 감금 체계의 그물망은 주요 비행자들을 모을 수 있게 해준다. 19세기에는 규율의 차별화와 분화 현상에 의해 설치된 통로가 순종성을 길들이고 똑같은 구조로 비행을 만들어냈다. 셋째, 감옥의 확장이 초래하는 가장 중요한 결과는 감금 제도가 처벌권을 자연스럽고 정당한 것으로 만드는 데 성공하고 있다는 점이다. 징벌의 실행에서 나타날 수 있는 불법적 요소를 없애는 경향이 있는 것. 계약 이론은 부분적으로만 새로운 처벌권의 부상을 설명해 준다. 또 다른 대답은 감옥 연속체가 처벌권을 보장해 주는 기술적 대응물이라는 생각에서 생겨난다. 넷째, 감금 체계는 새로운 형태의 법인 규범을 출현시켰다. 이제 정상/비정상을 판단하는 재판관—교수, 의사, 사회사업가 등—은 도처에 있고, 규범의 통치가 존재하며, 모든 사람은 신체, 몸짓, 품행 등을 그 규범에 맞춰야 한다. 다섯째, 사회의 감금 조직은 신체를 현실적으로 지배하고 관찰할 수 있게 한다. 본질적 속성으로서의 처벌 기구이자 지식의 형성을 위한 도구인 것. 여섯째, 감옥은 권력의 장치와 전략 안에 깊이 뿌리를 내리고 있기 때문에 그것을 없애려는 시도에 저항할 수 있다.

그러나 감옥이 변모될 수 없다는 의미는 아니다. 감옥의 유용성에 영향을 주는 과정들, 의학, 정신의학, 사회사업 같은 또 다른 감시 그물망의 성장이 감옥을 변화시킬 것이란 이야기다. 감옥에 대한 전반적인 정치 논쟁은 우리가 감옥을 가져야 하느냐, 아니면 다른 무엇을 가져야 하느냐에 관한 것이다. 이제 문제는 규범의 장치들과 거기에 연결된 권력의 사용을 증대시키는 것이다. 감옥 도시는 처벌 극장과는 매우 다르다. 법률과 법정이 감옥을 통제하는 것이 아니라 그 반대인 것. 감옥은 그것처럼 규범화 권력을 행사하는 감옥 그물망에 연결되어 있다. 결과적으로 이런 모든 구조들을 통제하는 것은 하나의 기구나 제도의 운용이 아니라 전략 규칙들이다. 푸코는 이 책을 권력에 대한 다양한 연구, 규범화, 사회의 지식 형성에 대한 역사적인 배경으로 간주한다.

이번 장은 새로운 개념은 거의 없이 푸코가 주장하는 모든 실타래를 한꺼번에 모아놓고 있다. 감옥, 감화원, 감금 체계는 모두 제자리를 알게 된다. 특히 감금 체계는 감옥의 벽을 넘어 확장되었고, 우리는 '감옥 도시'로서의 현대의 처벌 체계에 대해 이야기할 수 있다. 감옥이 모든 사람의 생활을 형성하는 권력의 그물망에 의해 나머지 사회와 매우 밀접하게 연결되어 있기 때문이라는 것이 푸코의 주장이다.

감금 체계를 새롭게 보는 방법도 제안되었다. 다양한 가혹의 수준이 정도에 따라 정돈되어 있는 연속체라는 개념은 관찰 과정에서 확립된 일종의 분류나 순위와 유사하다. 감금 체계의 수용은 규범법의 승리를 가리키는 것이고, 판결의 변화에 대한 푸코의 결론을 드러낸다. 감금 체계가 작동하는 우리가 살고 있는 곳과 같은 사회는 인문과학이 모든 것을 판단하고 규범에 근거해 일부를 배제하는 사회다. 이것은 변치 않는 사실이지만 그렇다고 규범 규칙에 대한 저항을 막을 수는 없다.

감금 체계는 강력하고 여러 면에서 해롭지만, 푸코는 얼마간의 변화에 대한 희망을 품고 있다. 그런데 변화의 주요 동인(動因)은 언젠가는 감옥의 감독과 관찰 작업을 어느 정도 넘겨받을 인문과학 자체의 성장이 될 것 같다. 이것이 진전의 단계를 나타낼지는 확실하지 않다. 푸코의 마지막 말은 이 글의 진짜 목적이 현대의 규율 체계에 대한 반란을 조장하는 것이 아니라 이 체계의 구성요소들과 작용에 대한 이해를 증진시키는 것임을 암시한다.

Important Quotations Explained

다음은 주요 인용문에 대한 설명입니다.

1.   이 책은 현대의 정신과 새로운 판단권력의 상관관계에 대한 이야기다.

    — 이 인용구는 푸코의 계획을 아주 간결하게 표현한 것이다. 〈감시와 처벌〉은 판사에 의해 가혹한 판결이 내려지고 공개적으로 시행되는 상황으로부터 인문과학 전문가들이 규율에 의해 확립된 규범에 따라 사회의 모든 사람을 판단하는 상황으로 변화된 모습을 보여주는 것이 목적이다. 정신과 의사들, 간수들, 다른 '규율 기술자들'이 판결 이후에 범죄자를 판단하고 분석하기 시작할 때 새로운 판단 권력이 발달한다. 이 권력은 푸코에 의해 분석된 권력과 지식에 대한 더 폭넓은 현대 체계의 발전 가운데 일부분이다.

    정신사(精神史)에 대한 개념 역시 중요하다. 푸코가 사용하는 많은 모형 가운데 하나는 형벌의 초점이 신체에서 정신으로 변한다는 것이다. 현대의 규율 체계는 정신에 작용해서 그것을 개혁하려는 시도이므로 현대 규율의 발전에 대한 분석은 이 규율이 창조해냈고 통제하려고 시도한 정신에 대한 역사인 것이다.

2. 우리는 그때 공개 형 집행과 시간표를 갖게 된다. 이것들은 똑같은 유형의 범죄나 똑같은 유형의 비행을 처벌하지 않지만, 어떤 형벌 형태를 따로따로 정의한다.

— 책의 서두에서 가져온 이 인용구는 대조를 아주 좋아하는 푸코의 성향과 〈감시와 처벌〉이 전달하는 근본적인 변화를 보여준다. 푸코가 언급하는 두 가지 형벌 형태는 현대 이전의 체계다. 이 체계 안에서 처벌은 공개적이고 폭력적인 방식으로 범죄자의 신체에 행해졌고, 교도행정 감시체계에서는 범죄자의 정신이 주의(注意)의 대상이다. 형 집행은 범죄자의 신체를 자르고 불을 지르며, 시간표는 시간을 더 작고 순서 지워진 부분으로 나눠 범죄자의 정신을 조절한다. 형 집행은 공개적인 질서의 회복이 중요한 형벌을 나타내고, 시간표는 개인을 통제하기 위한 시도로 행동을 분류하고 순서 짓는 것이 그 목적인 형벌을 나타낸다.

3. 일망 감시체계는 사람들이 어떤 용도로 사용하기를 원하는 간에, 권력의 동질적인 효과를 생산해내는 놀라운 기계다.

— 벤덤이 고안한 환상적 건물인 일망 감시체계는 푸코가 주장하는 것의 상징이 되어버렸다. 일망 감시체계의 중심으로부터 통제자는 각 개인의 방을 볼 수 있다. 이 건물은 학교로 사용되든 감옥으로 사용되든 권력이 확실히 작동하기 때문에 효과는 똑같다. 이 건물 내에 갇힌 각 개인은 분리되어 있고 관찰자의 응시에 영속적으로 노출되어 있으며, 관찰자는 개인들을 쳐다봄으로써 통제한다. 감시를 쉽게 하는 이 건물이 놀라운 이유는 한 사람에게 많은 사람에 대한 권력을 갖게 해주고, 매우 특이한 건축물이기 때문이다.

4. 공장들, 학교들, 병영들, 병원들 모두가 감옥을 닮아 있고, 감옥들이 이 모든 것을 닮아 있다는 것은 얼마나 놀라운 일인가?

— 푸코가 교도행정 감시체계에 대해 논의한 핵심 사항 하나는 현대의 감옥과 연관된 규율의 형태가 감옥의 담 안에 포함되어 있는 것이 아니라 담 너머 사회로부터 파생된다는 점이다. 통제, 감시, 그리고 분류의 메커니즘들은 푸코가 논의한 모든 제도들 내에서 작동하고 정말로 다양한 형태를 띤 권력이 거기서 흘러나온다. 감옥들이 이런 제도들과 닮았다는 것은 유사한 건축물을 갖고 있기 때문이 아니라, 모두가 유사한 기능을 수행하고 있기 때문이다.

5. 이제 우리는 형차(刑車), 효수대, 교수대, (목과 손에 채우는) 칼이 점점이 흩어져 있는 고문의 국가로부터는 멀리 떨어져 있다. 마찬가지로 우리는 50년 전만 해도 개혁가들의 그런 꿈과는 거리가 먼 나라였다.

— 이 인용구는 책의 처음에 썼던 대조를 다시 강조하고 있다. '고문의 나라'는 처벌이 공개적으로 시행되고 공포를 주는 그런 나라다. 고문의 효과는 고문과 형 집행 장치들이 대중들에게 잘 알려져 있다는 사실에 근거한다. 18세기 개혁가들의 꿈은 결코 실제로 완벽하게 이루어지지 않았지만, 대중이 쳐다보고 다양한 범죄와 그 처벌들을 연결하는 기호들과 표상들의 체계에 의해 대중이 영향을 받는 그런 처벌 극장이다. 푸코의 요점은 현대의 형벌 체계가 이 두 모형과 매우 다르다는 것이고, 왜 그렇게 달라야 했는지에 대한 이유가 없었다는 것이다. 푸코는 잃어버린 국가와 개혁가들의 꿈을 동시에 고찰하면서, 왜 하나의 모형이 두 개의 다른 모형을 패퇴시켰는지를 설명한다.

제목: 감시와 처벌: 감옥의 탄생
Discipline and Punish: The Birth of the Prison

저자: 미셸 푸코 Michel Foucoult

언어: 불어. 1977년 영어로 번역.

집필 시기와 장소: 1974-75년, 프랑스.

출판연도: 1975년

출판사: 갈리마르 Gallimard

다음 질문에 대해 간단히 서술하시오.(—부분은 참고만 할 것)

1. **푸코는 형벌로써의 감옥이 사라질 수 있을 것이라고 믿는가?**

    — 아니다. 푸코의 전체 논거는 현대 사회에서 감옥은 피할 수 없는 것이라는 생각에 근거하고 있다. 감옥의 폐지는 생각할 수 없는데, 그 이유는 실제적인 대응물이 단순히 존재하지 않고, 또 감옥이 권력과 규율에 대한 현대 체계의 중요한 부분이기 때문이다. 푸코의 논거는 현대 사회들(특히 프랑스)이 개인적 자유의 개념에 근거한다는 것이다. 감옥은 사람들로부터 자유를 빼앗기 때문에 가장 '명백한' 형벌이다. 더 중요한 것은 감옥 안에서 작동하는 규율과 관찰의 체계가 감옥의 담 밖으로 확장된다는 점이다. 교도행정 감시체계는 감옥과 더 넓은 세계를 통합하고 있다. 그러나 푸코는 감옥이 변화될 수 없다고 주장하지는 않는다. 인문과학이 더 발전하면 감옥의 어떤 기능들을 맡게 될 것이다. 이 질문과 관련해 여러분은 얼마만큼 푸코의 권력에 대한 개념을 생각하고 있는지, 그리고 담론이 얼마만큼 개인들로 하여금 감옥 같은 것을 변화시키고 자유롭게 영향을 미치게 허용할지를 숙고해야 한다.

2. **사회에서 감옥의 자리는 무엇인가?**

    — 매우 복잡한 질문이다. 그러나 간단한 대답은 푸코가 감옥을 현대 사회의 수많은 구조들과 밀접하게 연결된 것으로 간주한다는 것이다. 수형자의 생활을 통제하는 규율과 권력의 메커니즘은 마찬가지로 시민들의 생활을 통제한다. 감옥

과 교도행정 감시체계의 발전에 대한 푸코의 설명은 사회가 '교도행정 감시조직'을 가지고 있고 감옥 안에서 작동하는 똑같은 메커니즘에 의해 사회에 퍼져 있다는 것을 명확히 하고 있다. 마찬가지로 감옥은 비행을 만들어냄으로써 계급 투쟁과 대중의 불법을 조절하고 통제하는 것을 돕는다. 항상 감옥과 사회가 이러한 효과들을 생산하기 위해 함께 작용한 다는 것을 우리는 깨달아야 한다.

3. **왜 푸코는 〈감시와 처벌〉을 현대 정신의 역사라고 부르는가?**

— 본질적으로는 왜 감옥이 유럽에서 형벌의 주요 도구가 되었는지를 설명하기 위해 그는 사람들이 훈련 받는 구조들 과 메커니즘들을 고려하기 때문이다. 이러한 메커니즘들은 신체보다는 차라리 정신에 작용하는 것이고, 그래서 어떻게 현대 형벌이 작동하는지를 설명하면서 푸코는 정신과 씨름 을 한다. 마찬가지로 형벌의 계보학을 쓰면서는 부분적으로 우리에게 우리 정신의 내부를 들여다보라고 요구한다. 사람 들을 배제하고 그들을 비정상으로 낙인찍는 담론의 발전은 '정상적'으로 분류된 사람들에게 나쁜 영향을 미치는데, 푸 코는 이것을 우리가 숙고해야 하는 것으로 느끼고 있다. 〈감 시와 처벌〉은 단지 현대 정신의 역사일 뿐만 아니라 비판이 기도 하다.

4. **감옥의 발전에 대한 푸코의 설명은 어디까지 사회적 · 경제적 요인 들에 의존하는가?**

5. **정치적 행동가로서의 푸코의 역할과 〈감시와 처벌〉에 대한 관심의 관계는 무엇인가?**

6.   〈감시와 처벌〉에서 응시의 개념을 논하라.

7.   이 작품에서 일망 감시체계의 역할은 무엇인가?

8.   푸코는 감옥개혁운동을 어떻게 설명하는가?

9.   〈감시와 처벌〉은 역사책인가 철학책인가?

10.   푸코에 의하면 현대 감옥은 어디서 어떻게 '태어났는가'?

다음 질문에 알맞은 답을 고르시오.

1.　미셸 푸코는 언제 태어났는가?

　　A. 1975년

　　B. 1935년

　　C. 1926년

　　D. 1929년

2.　푸코는 어떤 작가에게서 계보학의 개념을 빌려오는가?

　　A. 니체

　　B. 하이데거

　　C. 캉기렘

　　D. 베카리아

3.　〈감시와 처벌〉의 부제(副題)는?

　　A. 교도행정 감시체계의 성장

　　B. 고전주의 시대의 형벌

　　C. 감옥의 탄생

　　D. 감시와 관찰

4.　푸코는 이 책을 어떤 두 개의 이미지로 시작하는가?

　　A. 감옥과 단두대

　　B. 수형자와 비행자

　　C. 계보학과 교도행정 감시체계

　　D. 공개 형 집행과 시간표

5. 푸코는 공개 형 집행이 언제 사라졌다고 믿는가?

A. 1830-48년

B. 1835-50년

C. 1900-50년

D. 1930-48년

6. 현대 형벌의 목적은 무엇에 영향을 끼치는가?

A. 수형자의 신체

B. 수형자의 미래

C. 수형자의 정신

D. 수형자의 본질

7. 다음 중 '인문과학'은 어느 것인가?

A. 사회학, 범죄학, 정신의학

B. 식물학, 수문학(水文學), 건축학

C. 명종술(鳴鐘術), 철자법, 고생물학

D. 사이언톨로지(미국의 신흥종교), 지리학, 견신론(見神論)

8. 고문은 어떤 과정과 연관되어 있는가?

A. 사법 실무적 심사

B. 사법적 심사

C. 철학적 심사

D. 공식 심사

9. 현대 이전의 범죄 심사를 가장 잘 표현하는 형용사는?

A. 야만적인

B. 정당하지 않은

C. 비밀스런

D. 의심스런

10. 규율의 목적은 국민 생활의 어떤 면을 조절하는 것인가?

A. 시간과 공간

B. 마음과 영혼

C. 생과 사

D. 미래와 과거

11. 공개 형 집행이 허용되는 형벌 체계의 수장은 누구인가?

A. 형 집행인

B. 왕

C. 교황

D. 감옥

12. 형 집행인이 수행하는 상징적인 역할은?

A. 왕의 옹호자

B. 하느님의 종복

C. 권력과 지식의 연결

D. 규율의 구현

13. 푸코가 분석하는 주요 개혁가는 누구인가?

A. 당통(Danton)

B. 베카리아

C. 쇼(Shaw)

D. 보에티우스(Boethius)

14. 범죄의 진실을 밝히기 위해 '범죄 자체로 되돌아가는' 범죄의 양상으로 푸코가 언급한 것은?

A. 규율

B. 기민함

C. 잔학성

D. 독단적 주장

15. **다음 중에서 18세기가 표상하는 것은?**

    A. 형벌로서의 공개 형 집행을 시작함

    B. 권리에 대한 불법의 증대

    C. 소유권 발명

    D. 대중적 불법의 위기

16. **푸코에 의하면 형벌 개혁가들이 시도하려 했던 것은?**

    A. 처벌을 더 잘하는 방식을 찾는 것

    B. 처벌 완화 방식을 찾는 것

    C. 형벌과 범죄를 떼어놓는 것

    D. 수형자들을 잔인성으로부터 보호하는 것

17. **푸코는 규율이 원래 어디에서 발생했다고 믿는가?**

    A. 감옥

    B. 법정

    C. 수도원

    D. 슈퍼마켓

18. **푸코가 17세기에 작동하는 규율의 예로 든 것은?**

    A. 군인의 신체

    B. 베르사유의 왕실근위병들

    C. 감옥의 작업장

    D. 교회

19. 푸코가 규율을 설명하면서 논하고 있는 두 가지 종류의 시간은 무
    엇인가?

    A. 과거와 현재

    B. 계산된 시간과 관찰된 시간

    C. 선적(線的)인 시간과 진화적 시간

    D. 규율된 시간과 처벌된 시간

20. 시험의 과정에는 어떤 절차들이 조합되는가?

    A. 계층적 관찰과 규범적 판단

    B. 계산된 경제와 규정된 행동

    C. 정치적 불일치와 엄격한 처벌

    D. 연속배열과 범주화

21. 7장의 일망 감시체계와 대비되는 것은?

    A. 교수대

    B. 죄수

    C. 페스트에 걸린 마을

    D. 왕의 왕관

22. 교도행정 감시체계에 의해 창조된 범주는 무엇인가?

    A. 수형자

    B. 죄수

    C. 간수

    D. 비행자

23. 비행을 '창조하는' 주된 이점은 무엇인가?

A. 불법을 작은 집단으로 한정시키고, 감시할 수 있게 했다.

B. 산업의 확장에 값싼 노동력을 제공했다.

C. 공개 형 집행의 필요성에 종말을 가져왔다.

D. 인문과학의 지식 영역을 넓혔다.

24. 푸코에 의하면 처벌 극장을 대체하는 것은 무엇인가?

A. 인문과학

B. 은밀한 형벌

C. 구경거리로써의 처벌

D. 교도행정 감시도시

25. 푸코는 교도행정 감시체계가 언제 완성되었다고 주장하는가?

A. 1840년 1월 22일

B. 1900년 12월 25일

C. 1860년 11월 13일

D. 1833년 4월 17일

정답 |

1. C   2. A   3. C   4. D   5. A   6. C   7. A   8. B   9. C   10. A

11. B   12. A   13. B   14. C   15. D   16. A   17. C   18. A   19. C   20. A

21. C   22. D   23. A   24. D   25. A

一以貫之 논술노트

서구의 근대적 주체를 형성하는 권력 장치 ○

실전 연습문제 ○

一以貫之는 '논어'에 나오는 말로 '모든 것을 하나의 이치로 꿴다'는 뜻입니다.

논술의 주제와 문제 유형, 제시문들은 참으로 다양하고 가지각색입니다. 그러나 그 모든 것을 하나로 꿸 수 있습니다. '인간사회의 보편적 문제들에 대한 근원적인 물음에 답하는 자기 나름의 견해'라는 것이지요. 논술은 인간이면 누구나 부닥치는 개인적 또는 사회적 문제들에 대한 자기 나름의 고민이자 성찰입니다. 논술은 자기견해, 자기 가치관, 자기 삶에 대한 솔직한 고백입니다.

一以貫之 논술연구모임은 '자신의 물음'과 '자신의 생각'을 갖고 '자신의 글'을 쓸 수 있도록 도와줍니다.

〈집필진〉
김재년, 이호곤, 우한기, 박규현, 김법성, 김병학, 도승활, 백일, 우효기, 조형진

서구의 근대적 주체를
형성하는 권력 장치

▌들어가며

오늘의 가정(家庭)을 그토록 색다르고 멋지게 만드는 것은 무엇인가?

먼저 인터넷에서 그림을 하나 찾아보고 시작하기로 하자. 1956년 런던의 화이트 채플(White Chapel)에서 "이것이 내일이다 This Is Tomorrow"라는 제목으로 소규모 독립 집단의 전시회가 열렸다. 여기에는 대중적 이미지를 다룬 작품들이 소개되어 좋은 반응을 얻었는데, 그 집단의 창설 멤버였던 해밀턴은 아주 작은 콜라주 작품을 출품했다. 제목부터가 팝아트적인 "오늘의 가정을 그토록 색다르고 멋지게 만드는 것은 무엇인가?"이다.

먼저 작품을 보자. 머리 건조기를 쓰고 있는 영화배우 같은 여인의 누드, 잘 단련된 육체를 과시하는 남자의 누드와 함께 현대인들이 거주하는 실내를 보여준다. 계단 위에서는 집사처럼 보이는 여자가 정장을 하고 진공청소기로 청소를 하고 있다. 기다란 청소기의 호스 중간의 화살 표시 안에 적힌 "보통 청소기 호스는 여기까지만 닿는다"라는 광고문이 그들이 광고의 홍수 속에서 살고 있다는 것을 암시한다. 방 안에는 온통 대량 소비시대의 생산품들이 널려 있다. 탁자 위에는 커피 대신 햄 통조림이 놓여 있고, 전기 스탠드 갓에는 포드 자동차회사의 로고가 붙어 있다. 방바닥에는 중류층의 부를 상징하는 녹음기가 있고, 벽에는 명화가 아닌 만화 포스터와 존 러스킨의 초상화가 걸려 있다. 창밖으로 보이는 극장 간판에는 인기 배우이자 재즈 가수인 앨 존슨의 모습이 그려져 있다. 독서와는 인연이 먼 신세대 집답게 책은 한 권도 보이지 않고, 구석의 소파에 신문이 한 장 놓여 있을 뿐이다.(네이버 백과사전 참고)

해밀턴은 대중문화가 지니는 물질적 천박성과 여기에 빠져 있는 우리의 모습을 비꼬고 싶었을 거다. 아니면 소비적이고 쾌락적인 것만을 추구하는 우리들의 모습을 보고 있었는지도 모른다. 자! 이제 조금만 더 생각을 해보자. 초점이 다소 흐려지긴 했지만 이 그림을 보고 있노라면 어렴풋이 푸코의 목소리가 들릴지도 모른다. 과연 우리는 저 모습에서 얼마나 자유로운가? 돈, 소비, 외모 등의 압박으로 다가오는 하나의 규범이 보이지 않는가? 중산층의 삶은 이

래야 한다는 거대한 힘이 느껴지지 않는가? 막상 가까이서 들여다보면 저토록 우스운 모습. 그렇다면 우린 저 그림에서 얼마나 멀리 있는 것일까?

지하철에서 생긴 일

상황 파악이 안 되는 분들을 위해 재미난 경험담 하나. 지하철이다. 난 지금 용케 자리를 잡고 앉아 있는 자신이 매우 만족스럽다. 생각해 보라. 개찰구부터 시작해서 지하철에 탈 때까지 사람들에게 밀려다녔다. 그 많은 사람들이라니. 전철이 도착하는 순간의 숨막히는 긴장감은 또 어떤가? 난 예의 바른 사람이므로 줄을 서야 한다. 하지만 동시에 반드시 앉아서 가야 한다. 이 많은 경쟁자를 뚫고 매너를 지키며 자리를 차지하는 일이란 결코 쉽지 않다. 오늘은 재수가 좋았다. 밀듯, 밀리듯 전철에 올라 사방을 두리번거리다가 자리를 잡고 섰는데, 바로 그 앞에 앉았던 사람이 다음 역에서 바로 내려버리는 것이 아닌가? 그러나 난 덮어놓고 앉을 수는 없다. 먼저 좌우를 둘러본다. 내가 이 빈자리와 최단거리다. 일단 이 자리의 소유권은 내게 올 가능성이 크다. 하지만 아직은 끝난 게 아니다. 다시 한 번 살펴본다. 나보다 나이가 들어 보이거나 신체적으로 유약한 사람이 보이지 않는다. 이제 확실해졌다. 이 자리는 내 자리다. 한참을 기분 좋게 가고 있는데 할머니 한 분이 전철에 올랐다. 내심 긴장하고 있었는데, 아뿔싸 내 앞에 와서 서는 것이 아닌가. 난 쭈뼛거리며 엉덩이를 뗀다. "이리 앉으시죠." 다행이다. 할머니께서는 바로 다음 정거장에서 내리신단다. 또 한참을 기분 좋게 가고 있는데 시끄러운 소리가 난다. "아니 젊은 놈이 왜 여기 앉아서 가는 거야? 글 못 읽나? 여긴 경로석이야." 늘 있는 일이다. 가끔씩 매너 없는 녀석들이 고요하지만 긴장된 질서를 깨뜨리기도 한다. 한참 시끄러울 테지만 크게 걱정할 것은 없다. 조금 기다리다보면 자연스레 이 사건의 주범이 누구인지, 누가 비정상적인 행위를 한 것인지에 대한 판결이 내려지게 된다. 그럼 사람들은 그저 냉랭하게 쏘아보면 된다. 그러다보면 가끔씩 용감한 사람들도 생긴다. 뭐라고 잔소리하는 사람들. 일은 자연스럽게 해결된다. 누군가는 더 견디지 못하고 전철에서 내리거나 최소한 다른 칸으로 옮겨 간다. 반면, 승리한 누군가는 좀더 과장되게 자신의 정당함을 혼잣말인지 남들 들으라고 하는 건지 구분이 잘 안되게 떠들어대다가 이내 조용해진다. 이제 다시 전철 안은 질서를 회복했다. 정상인들의 집합이 된다. 사람들은 앉고 서기를 반복하고 내릴 역이 가까워지면 문 쪽으로 다가가고 문이 열리면 최대한 신속하게 내리고, 사람이 많기라도 하면 내릴 역보다 앞서서 문 쪽으로 다가

가는 센스를 발휘하기도 한다. 모든 것은 자연스럽고 정확하고 신속하게 이루어진다. 이제 남은 것은 평화. 물론, 약간의 짜증과 함께.

어떤가? 이런 일련의 절차는 우리에게는 숨쉬는 것만큼이나 자연스러운 행위일 것이다. 그러나 낯선 이들에게도 그럴까? 지하철을 처음 타보는 사람, 외국인에게는 충분히 낯선 광경들이 아닐까?

낯선 눈으로 보면 이런 복잡한 과정을 능숙하게 소화하는 모습은 상당한 훈련을 거친 것으로 비치진 않을까? 사실 평생 동안 지하철, 백화점, 만원버스 등을 경험한 적이 그다지 많지 않은 나 역시 처음 한동안은 이것들이 다소 난감한 주제였다. 내가 어떻게 행위해야 하는지 정확한 지침을 알 수 없었기 때문에.

우리는 다양한 일상적인 삶의 공간에서 자기 몸이 일정한 규칙과 절차를 지키면서 생활하는 모습을 볼 수 있다. 낮과 밤이 완전히 뒤바뀐 올빼미 생활을 하던 청년도 군대에 가면 더 이상 이런 생활양식을 유지하지 못한다. 6시면 칼같이 일어나고 10시면 잠자리에 들어야 한다. 집에서 천방지축으로 생활하던 아이들도 학교에 가면 45분 수업에 10분 휴식이라는 가혹한(?) 규칙을 훌륭하게 수행한다. 길을 가면서도 만원버스에 타면서도 우린 노트에 빼곡히 적힌 지침을 외우지 않아도 자연스레 서로간의 적당한 간격이 얼마인 줄 알고, 그 간격을 지킨다. 이 간격을 어기게 되면 치한으로 오해받기 십상이다.

　일터에서, 학교에서, 식당에서 우리의 몸은 일정한 틀에 따라 움직이며 규칙을 실행한다. 어떻게 이런 일이 가능할까? 어쩌면 우리는 알게 모르게 우리를 관통하는 어떤 규율과 길들임의 과정을 통해 오늘날을 살아가는 주체로서 제작되고 있는 것은 아닐까? 그렇지 않고는 이 완벽한 질서의 몸놀림을 어떻게 설명할 수 있을까?

　여기서 우리는 푸코의 고민을 만나게 된다.

　"어쩌면 인간은 이런 규율 지키기와 몸 길들이기를 통해 근대를 살아가는 주체로 만들어지는 것은 아닌가?"

푸코의 질문

　뛰어난 철학적 작업이란 훌륭한 답보다는 중요한 질문을 던지는 것일지 모른다. 탈레스의 경우를 보자. 왜 그를 서양 철학의 아버지라고 부를까? 탈레스는 만물의 근원을 물이라고 했다. 그 답이 진정 옳은 것이어서 그를 위대한 철학자로 부르는 걸까? 그건 아니다. 바로 그 질문 때문이라고 할 수 있다. 그때까지 사람들이 이 세상에 대해 묻는 방식과 다르게 질문을 던졌던 것. 그 전까지는 이 세계를 누가 만들었을까, 라고 물었고, 그 대답은 당연히 제우스 신이다, 하느님이다, 뭐 이런 것이었을 테고. 그러나 탈레스의 질문은 '누가'가 아니라 '무엇'이었다. 세상은 무엇으로 만들어졌는지를 물었다. 바야흐로 새로운 대답과 새로운 토론의 장이 열리는 거다. 세상의 근본은 물이다, 불이다, 아니다, 공기다, 등으로.

이전까지 사람들은 인간이란 무엇인가, 권력이란 무엇인가, 라고 물었다. 이 물음들은 공통적으로 시대와 역사를 초월해서 변하지 않는 인간, 권력의 개념을 추구한다. 하지만 푸코는 전혀 다른 방식으로 질문을 던진다. 우선 주체에 대해서는 "서구의 근대적 주체는 어떻게 만들어지는가?"를 묻는다. 좀더 쉽게 말하자면, "근대인은 어떻게 탄생되는가?"를 묻는다. 권력에 대해서도 마찬가지다. 그는 권력의 본질, 보편적 성격을 묻지 않는다. 개인의 몸에 작용하는 일정한 관계망 속의 권력의 작용, 즉 "권력들은 개인에게 어떻게 작용하는가?"를 묻는다.

이제 새로운 질문과 대답의 장이 열린다. 푸코가 던진 두 질문을 결합하면 〈감시와 처벌〉의 핵심적 주제가 도출된다. "권력의 작용을 조건으로 삼았을 때, 서구의 근대적 주체는 어떻게 만들어지는가?" 결론적으로 푸코의 대답을 미리 듣고 가자. 푸코는 근대적 주체는 특정한 역사적 시기에 특정한 권력 장치를 통해 만들어진 산물이라고 본다.(주체로서의 인간의 죽음) 이런 주체는 규율에 따라 만들어진 유용하고 순종하는 몸을 갖는다. 다시 한 번 강조할 사항은 이 과정에서 푸코는 바람직한 인간상 내지는 참된 인간이란 맥락을 문제 삼지 않는다. 이런 신체의 생산에 어떤 권력 장치가 작동하며, 어떤 기술이 유용성이나 순종을 생산하고, 그렇게 만들어진 신체가 어떻게 기능하는가, 등에 관심을 기울인다. 푸코가 볼 때, '주체라는 문제의 틀'은 근대적 고안물이다. 그는 이 근대적 산물이 어떤 지식, 과정, 절차, 기술 등을 통해 만들어지는가에 주목한다.

이제 푸코를 이해하기 위해 반드시 넘어야 할 산맥. 권력에 대한 그의 설명을 듣도록 하자. 정말 딱딱한 이야기다. 준비는 되셨는지.

권력의 문제

푸코는 기존의 권력에 대한 설명이 현실의 권력 작동을 제대로 설명하지 못한다고 비판하고, 자유주의와 마르크스주의가 권력을 '경제적'으로 본다고 주장한다. 둘의 이론은 권력을 상품처럼 소유하거나 양도할 수 있는 어떤 실체로 보기 때문에 현실 권력의 복잡한 작용에 제대로 접근할 수 없다는 것이다.

먼저 자유주의 권력관을 가장 잘 드러내는 사회계약 모형을 살펴보자. 이것은 권력을 계약론 모형에 따라 교환, 획득, 양도되는 대상으로 본다.

'사회계약론'은 부르주아 계급이 기존의 권력 관계를 재편하기 위해 고안한 것으로, 사회나 정치 공동체를 자연적으로 주어지는 것이나 신의 선물로 보지 않는다. 사회는 계약에 의해 만들어지므로 모두가 계약서에 합의하고 도장을 찍어서 세운다. 이런 사회계약은 계약 이전 상태를 전제로 해야 하는데, 이것이 자연 상태다.

홉스는 인간의 자연 상태를 '만인에 대한 만인의 투쟁'으로 보고, 로크와 루소는 평화로운 상태로 본다는 차이가 존재한다. 그러나 이런 차이에도 불구하고 두 이론은 자연 상태가 만인의 평화로운 삶을 보장하지 못한다는 점에 공통적으로 동의한다. 따라서 공동체가 평화로운 삶을 누리기 위해 자신의 자연권을 특정인이나 특정 권력에 양도함으로써 국가를 세운다고 본다. 즉 이제 각각의 자연권이 국가의 공적인 권력으로 바뀌게 되는 것.

이 논의의 구조에서는 정치 권력은 각자가 지닌 자연적 권력을 넘겨받은 것이 된다. 이것은 마치 권력을 누군가가 소유하고 넘겨주는 사물처럼 여긴다고 푸코는 지적한다. 이렇게 보면 권력은 누군가가 지니거나 잃어버리거나 빼앗을 수 있는 것이다.

　　예를 들어, 정치 권력이 개인의 생명이나 자유를 침해한다면 계약 위반이므로 사회계약은 무효가 되고, 개인들은 주권자를 내쫓고 권력을 빼앗는다. 이것이 혁명이다.

　　푸코는 마르크스주의 역시 똑같다고 분석한다. 마르크스주의는 토대와 상부 구조의 틀로 사회를 설명한다. 여기에서 상부 구조의 하나인 정치 권력은 생산수단을 소유한 지배 계급의 이해관계를 정치적으로 반영하는 장치에 지나지 않는다. 곧 마르크스주의는 권력이 경제적 토대를 반영하고 이것을 위해 기능하는 지배 계급의 소유물로 본다. 이 경우에도 권력은 특정 계급이 소유하는 것이고, 다른 계급에게 빼앗길 수 있다. 이처럼 권력이 한 계급의 지배를 보장하고 생산관계를 유지하려고 할 경우에 경제적 기능을 갖게 된다. 즉 정치 권력이 경제에서 자신의 존재 근거를 갖는 것이다.

　　이를테면, 자유주의는 서로 상품을 교환하고 재화가 유통되는 경제를 그 모형으로 삼는 정치 권력을, 마르크스주의는 그 존재 근거와 현실적 기능을 경제 안에서 찾는 정치 권력을 내세운다.

　　푸코는 이런 사고에 질문을 던진다. 과연 권력은 상품을 모형으로 삼는가? 곧 권력은 소유되고 획득되며, 힘이나 계약에 의해 양도되는가? 그것은 어떤 곳에만 있고 다른 곳에는 없는가? 권력은 경제에 비해 부차적인가? 권력은 항상 경제를 기초로 삼고 경제에 의해 목표를 부여받는가? 권력은 경제에 봉사하는 것을 존재 근거이자 목적으로 삼는가? 권력은 경제의 본질적인 생산관계를 유지하고 확고하게 하며, 경제를 제대로 작동시키는 임무를 맡는가?

푸코는 권력 관계가 경제 관계들과 함께 있고 그 안에서 복잡하게 뒤얽히지만, 권력을 분석하려면 경제와는 다른 틀을 이용해야 한다고 생각한다. 그렇다면 경제적 차원에 매몰되지 않는 분석 틀은 어떻게 마련할 수 있을까?

우선, 권력을 소유되거나 교환되는 것으로 보지 말아야 한다. 이를테면, 권력을 지니고 행사하는 주체로 설명하지 않고 권력이 주체 없이 행사된다고 볼 필요가 있다.

푸코는 권력을 어떤 개인, 집단, 기구가 소유하는 실체가 아니라 관계망으로 본다. "권력 그것은 제도도 아니고 구조도 아니며 어떤 사람들에게 주어지는 권한도 아니다. 그것은 한 사회의 복합적인 전략적 상황에 붙여진 이름이다"라고 말한다.

푸코의 설명은 다소 난해하지만 기존 이론이 접근하지 못하는 부분을 접근 가능하게 했다는 점에서 의미가 있다. 생각해 보자. 우리의 일상 속에서 권력은 어떻게 작동하는지. 공부를 잘하는 것이 학교에서는 가장 주된 질서일 것이다. 그러나 실제로 학급에서의 권력은 반드시 공부에서 나오는 것은 아니다. 그렇다고 주먹도 아니다. 상황에 따라,

작은 소집단 구성원의 성격에 따라 다양한 권력 관계가 형성되지 않는가. 어른들의 세계도 마찬가지다. 반드시 사회적 신분이나 소득에 의해서만 권력 관계가 형성되지 않는다. 다양한 입시정보를 알고 있는 엄마는 주변의 다른 엄마들에 비해 월등한 권력을 행사한다. 그리고 권력은 주식과 부동산 정보, 유머, 술자리 매너, 심리적 상담자 역할 등의 다양한 형식과 모양으로 행사되고 있다.

한편 이 권력은 '그것을 갖지 않는 사람'에게, 단순히 일종의 의무나 금지로써 강제되는 것이 아니라, 그들을 포위하고 그들에 의해 전달되고, 그들을 통하여 관철된다. 게다가 그 권력은 그들을 근거지로 삼는 것과 똑같이 그것에 대한 싸움으로 이번에는 그들 자신이, 그것이 이쪽에 가해지는 영향력을 근거지로 삼듯이, 환언하면 이 권력의 여러 관련은 농밀한 사회의 최심부에 내려가서, 시민에 대한 국가의 여러 관계 가운데라든가 계급 간의 경계에 위치하는 것이 아니며, 개인, 신체, 동작, 행동의 수준에서 법제도 간의 경계에 위치되는 것이 아니며, 개인, 신체, 동작, 행동의 수준에서 법제도나 통치의 일반 형태를 재생산하는 것도 아니다.(52쪽. 이하 쪽수는 〈감시와 처벌〉 강원대학교 출판부)

푸코의 권력론에서 또 하나 주목할 것은 권력의 성격에 대한 분석이다. 일반적으로 권력의 본질은 억압과 금지라고 생각한다. 예를 들어, 계급 간의 갈등 상황에서 한 계급을 대변하기 위해 다른 계급을 억압한다는 틀은 잘 알려져 있다. 또한 프로이트가 대표하는 정신분석학은 권력이 자연적 충동, 성적 에너지를 억압한다고 본다.

푸코는 이것이 권력에 대한 사법적 관점이라고 본다. 한편으로는 입법자의 권력을, 다른 한편으로는 복종 주체를 상정하는 이런 틀은 매우 제한된 것이다. 이것은 법률 이론가와 군주제 이론가가 제시한 권력상이다. 그 틀은 권력이 오로지 제한이나 구속, 금지하는 법률과 금지 메커니즘에 의해서만 작용한다고 부정적으로 본다. 권력은 항상 '안 된다'고만 말한다는 것.

푸코는 이렇게 권력을 부정적인 것으로만 보는 관점을 버리라고 권한다. 권력을 금지로만 이해하면 생산적 유효성, 풍부함, 긍정성으로 볼 수 없다. 그는 권력을 단순히 금지하는 힘이 아니라고 본다. 작용할 대상을 일정하게 형성하고 그 대상 스스로가 권력을 수행하게 한다는 것. 이를테면, 권력은 억압하고 금지하는 것이 아니라 창조적·생산적·긍정적 힘이다.

만약 이처럼 권력이 억압적일 뿐이라면 과연 사람들이 그것에 복종할까? 권력을 유효하고 긍정적인 것으로 만드는 것은 그것이 단지 금지하는 힘으로써 위로부터 우리를 눌러대기만 하는 것이 아니라, 사물을 가로지르며 무엇인가를 생산하고 즐거움을 가져오고 지식을 형성하고 담론을 구성하는 점이다.

지식 - 권력

푸코를 이해하려고 할 때 빼먹어서는 안 될 것이 바로 지식-권력의 분석이다. 우리는 개인이 누구인지 알려면 그에 대한 기록이나 기록 방식을 살피면 된다. 학생기록부는 학생이 누구인지 알려주며, 개인의 금융 정보는 그의 경제 활동을 비롯한 생활상을 알려준다. 그리고 생활기록부나 인사고과의 작성은 개인을 파악하는 방식을 알려준다. 따라서 푸코는 인문과학을 신체, 몸짓, 행동에 대한 문서보관소에서 찾을 수 있다고 본다.

이런 기록의 과정에서 규율 권력은 개체들을 정의하며, 각 개체는 하나의 사례가 되고, 개체에 관한 정보가 쌓여 개체를 인식 가능한 대상으로 구성한다.

이제 이 같은 바탕에서 인문과학과 권력은 공모를 꾀한다. 인문과학은 인간에 대한 객관적인 앎을 통해 인간을 해방시키거나 자유를 증대시키는가?

문화, 가족 제도, 언어 구조, 정치, 경제 활동, 욕망과 무의식에 관한 지식은 권력의 표적으로 삼을 수 있도록 개인을 투명하게 드러낸다. 그리고 광기, 병, 비행, 성을 다루는 분과 역시 개인들을 지식의 대상으로 규정하고 분류하고 조직하는 지식을 마련한다. 이처럼 개인들의 행동 양식, 심리 구조, 취향 등을 인식할 수 있다면 그것을 이용할 만한 권력은 이미 지식으로 무장하고 있을 것이다. 카드놀이에 비유하자면 권력을 행사하는 쪽은 마주앉은 개인들의 패를 이미 읽고 있는 셈이 된다.

푸코는 특정한 권력 관계가 가능하려면 반드시 담론을 생산하고 축적하고 유통할 필요가 있다고 지적한다. 권력은 '진리'를 생산함으로써 작동한다는 것.

이제는 배제한다. 처벌한다. 억누른다. 검열한다. 고립시킨다. 숨긴다. 가린다 등의 부정적 표현으로 권력 효과를 기술하지 말아야 한다. 사실상 권력은 생산한다. 현실적인 것을 생산하고, 대상 영역을 생산하고, 진리의식을 생산한다. 개인과 개인에 대해 취할 수 있는 지식은 이러한 생산의 영역에 속한다.

지식의 장에 의해 상관적으로 구성되지 않고서는 권력 관계가 구성될 수 없고, 동시에 권력 관계를 전제하거나 구성하지 않는 지식도 있을 수 없다.

푸코는 이런 권력과 지식의 복합체를 권력-지식이라

고 부른다. 지식 자체가 권력이고, 권력은 지식을 통해 작용한다는 것이다.

물론 이때 권력을 정치 권력으로 보면 안 된다. 푸코가 생각하는 권력과 지식은 다음 글에 잘 나타난다.

권력은 진리추구를 제도화하고 전문화하고 그에 대해서 보상하거나 처벌한다. 이처럼 권력 관계는 상품, 부를 생산하는 것처럼 진리를 생산한다. 진리의 담론은 결정권을 지니며, 권력의 효과를 실어 나르고 가동시킨다. 이처럼 개인들은 진리의 담론 안에서 재판받고, 선고받고, 분류되고, 일을 강요당하며, 사는 방식은 물론이고 죽는 방식까지 지정받는다.

신체를 처벌하는 방식과 규율의 문제

이제 푸코의 고민은 인간의 신체로 연결된다. 앞서 분석한 권력과 지식이 구체적으로 작용하는 공간으로서의 신체. 푸코는 인간의 신체에 작동하는 권력의 형식이 어떤 변화를 거치는지, 그 변화가 갖는 의미는 무엇인지를 분석한다. 먼저, 실제로 행해졌던 두 형벌을 비교하는 것으로 이야기를 시작하자.

루이 15세를 살해하려다 체포된 다미엥에 대한 유죄판결문을 보자. "손에 2파운드 무게의 뜨거운 밀랍으로 만든 횃불을 들고 … 처형대 위에서 뜨겁게 달군 쇠 집게로 가슴, 팔, 넓적다리, 장딴지를 고문하고, 그 오른손은 국왕을 살해하려 했을 때의 단도를 잡게 한 후, 유황불로 태워야 한다. 계속해서 쇠 집게로 지진 곳에 불로 녹인 납 … 몸은 네 마리의 말이 잡아끌어 사지를 절단하게 한 뒤, 손발과 몸을 불태워 없애고 그 재는 바람에 날려버린다."(19쪽)

1757년에 있었던 일이다. 암스테르담 신문은 실제로 이 형벌이 실행되는 가혹한 장면을 자세히 묘사하고 있다. 이처럼 끔찍한 공개 처형은 권력자의 의지를 범죄자의 신체에 직접적으로 새기는 폭력적인 과정이다. 군주의 권력은 짓밟힌 신체를 통해 만천하에 공개된다. 그리고 그로부터 70여년이 지난 후 파리 소년감화원의 규칙을 보자. 여기에는 더 이상 잔혹한 신체형이 보이지 않는다.

제17조: 수형자의 일과는 겨울에는 오전 6시, 여름에는 오전 5시에 시작한다. 노동시간은 계절에 관계없이 1일 9시간으로 한다. 여름에는 오후 8시 이후에 종료한다.

제18조: 기상. 큰북의 첫 소리가 울리면 소년범은 조용히 일어나서 옷을 입어야 하며, 그 사이에 간수는 독방의 문을 열어야

한다. 큰북의 두 번째 소리가 울리면 소년범은 침상에서 내려와 침구를 정돈해야 한다. 큰북의 세 번째 소리가 울리면 아침 기도를 올리는 교회에 가기 위하여 정렬해야 한다. 북소리가 울리는 시간의 간격은 5분씩으로 한다.

　제19조: 아침기도는 수용소에 소속된 신부가 주재하고, 이어서 도덕과 종교에 관한 낭송을 하도록 한다. 그것은 30분 이내에 마치는 것으로 한다.

　제20조: 노동. 여름에는 5시 45분, 겨울에는 6시 45분에 소년범은 안뜰에 나가서 손과 얼굴을 씻고 1회의 빵을 배분받아야 한다. 이어서 바로 작업장에 따라 정렬하여 노동을 시작해야 한다. 시작 시간은 여름에는 6시, 겨울에는 7시로 한다.

　제21조: 식사. 10시에 소년범은 노동을 마치고 식당에 가도록 한다. 안뜰에서 손을 씻고 반에 따라 정렬하여야 한다. 식사 후 10시 40분까지를 휴식시간으로 한다.

　제22조: 학업. 10시 40분 큰북 소리가 나면 정렬하여 각 반의 교실에 들어가도록 한다. 수업시간은 2시간으로 하고 수업내용은 읽기, 쓰기, 그리기, 셈하기의 순서로 한다.

　제28조: 여름에는 7시 반, 겨울에는 8시 반에 마당에서 손을 씻고 의복 검사를 받은 후에 독방 안에 도착해 있어야 한다. 큰북의 첫소리가 울리면 옷을 벗고, 두 번째 소리가 나면 침상에 들어가 있어야 한다. 각 방의 문이 닫히면 간수들은 질서와 침묵을 확인하기 위해 복도를 순회하도록 한다.(22-24쪽)

70여년 사이에 처벌 과정에서 신체를 대하는 모습이 확연히 달라졌다. 이러한 변화는 어떻게 해석되어야 할까? 인권 신장, 아니면 자유의 확대. 푸코의 대답은 다르다.

이런 변화는 개체들을 더욱 효과적으로 통제하기 위한 조치로서, 끔찍한 처벌 대신에 모든 범죄는 처벌당한다는 확신을 심어주는 쪽으로 바뀐 것이다. 이때의 처벌은 복수가 아니라 교정과 치료로 이해된다. 처벌의 목표는 일반적 사회질서를 보존하기 위해 교정된 개인을 그 질서 속에 재통합시키는 것이다.

이러한 형벌 제도가 프랑스 혁명을 전후로 해서 감옥 제도로 바뀌면서 처벌과 신체의 관계는 달라진다. 여기서는 신체를 감금하거나 노역을 시키는 방법으로 제재를 가하지만 사실상의 목적은 개인의 자유 박탈이다. 형벌 제도에 의해 신체가 구속과 박탈, 의무와 제한의 체계에 편입되는 것. 감옥 제도는 개인의 신체에 일정한 작용을 가해 개인을 조작하려는 것으로 볼 수 있다. 그 목적을 달성하기 위해 엄격한 시간표가 만들어지고, 모든 행위와 몸짓을 관찰하고 감시하고 기록한다. 이를테면, 수감자의 신체를 철저한 계획표에 따라 권력이 요구하는 '순종하는 신체'로 길들이려는 것이다.

푸코는 18세기 후반에 감옥 제도가 만들어지고 일반화되면서 좀더 조직적이고 체계적인 규율사회가 마련되는 과정에 주목한다. 이때 그는 권력 메커니즘을 인간의 신체와 관련짓고, 권력이 작용하는 방식과 절차에 주목한다. 이런 권력은 신체를 억압하는 것이 아니라 특정한 목적에 맞도록 만들어낸다.

　　권력과 규율의 작동은 근대적 인간을 창조한다. 근대적 인간은 보편적인 인간 개념에서 추론할 수 있는 존재라기보다는 근대라는 역사적 상황에서 특수한 주체(동시에 권력의 대상)로 만들어진다. 이런 의미에서 근대적 일상은 근대적 주체를 양산하는 공장과도 같다. 유용한 지식을 갖춘 학생을 생산하는 학교, 환자를 건강한 사람으로 변화시키는 병원, 일정한 개인들을 전투력을 갖춘 군인으로 만드는 군대 등.

　　이제 개인들의 유용한 신체는 일정한 값을 지니고 근대 세계에서 유통되며 그 세계를 구성하는 벽돌로 소비된다.

　　권력과 규율은 어떤 전략으로 신체를 만들어낼까? 푸코는 규율이 공간과 시간을 활용하는 방식, 개체를 단계적으로 형성하는 방식, 신체의 고립된 힘들을 조합하는 방식 등에 관해 다양한 사례를 든다. 이 과정에서 규율적 권력의 미시적 작용을 분석하면서 그 절차의 측면에 중점을 둔다. 우선, 규율은 신체를 가장 효과적으로 분할된 공간 안에 배치한다. 개인의 신체는 합리적으로 계산된 공간좌표 안에 자리매김 되면서 모든 것은 계열화와 일람표화가 된다. 시간에 대해서도 똑같이 작동한다.

일망(一望) 감시

그러나 모든 것은 아직 완전하지 않다. 이렇게 섬세하게 배치되고 설계된 주체 생산의 공정이 제대로 작동하는지, 그리고 주체는 권력의 의지를 제대로 수행하는지 검사하지 않으면 모든 작업은 의미를 상실하는 것이다. 푸코가 분석한 근대는 이제 감시와 시험의 체계를 통해 완성된다. 우리는 여기서 제레미 벤덤의 원형감시시설에 대한 푸코의 탁월한 분석을 만난다.

원형 건물 내부에는 높은 중앙탑이 있고, 그 주변에는 원형으로 배치된 독방들이 있다. 간수는 중앙탑에서 독방들을 지속적이고 전면적으로 볼 수 있다. 물론, 죄수들은 완벽하게 보이지만 죄수들은 간수를 볼 수 없다. 독방에 갇힌 죄수들은 항상 철저히 감시당한다. 그 결과, 그 감시의 시선을 자기 내면의 시선으로 만들게 된다. 아직 설명이 불충분하다면 아사다 아키라의 설명을 통해 좀더 확실히 알아보도록 하자. 그는 이러한 일망 감시체계를 교실에 빗대어 표현한다. 예전의 교실은 앞에서 무서운 선생님이 몽둥이를 들고 호통을 치는 장면으로 묘사된다. 무서운 것 같지만 그

교실에는 잘 보면 구석구석 선생님의 눈초리를 피할 수 있는 명당 같은 곳이 존재한다. 아무리 무서운 선생님이 눈을 부라리고 있어도 어디선가는, 누군가는 과자 부스러기를 먹게 마련이고, 졸게 마련이고, 만화책을 펴놓고 있게 마련이다. 더군다나 주기적으로 완벽한 해방의 공간으로 쉬는 시간이 주어지지만 일망 감시체계 하의 교실은 선생님이 그다지 무섭지는 않을 수 있다. 그러나 문제는 뒤에서 감시한다는 것이다. 우리는 선생님이 누구를 보는지 알 수 없게 된다. 이제 아무리 눈치가 빠삭한 학생이라도 선생님의 동태를 살피며 감시망을 벗어날 생각을 할 수 없다. 어디를 향하는지 알 수 없는 시선을 내 안에 심어두는 수밖에는.

벤덤의 판옵티콘은 허구의 중심이 어떻게 강력한 중심으로 작용하게 되는지를 보여준다. 그건 바로 우리 스스로의 복종, 즉 내면화에 의해서다.

이러한 전면 감시장치는 폭력을 사용하지 않고 자발적으로, 그러나 완벽한 효과를 내는 감시체계를 구성할 수 있다. 더욱 중요한 점은 내면화에 의해 작동되는 이 시선은 감옥뿐만 아니라 사회 전반에 대해서도 감시의 작동 원리가 될 수 있다는 점이다. 이 장치는 어떠한 것을 담더라도 같은 효과를 얻을 수 있으며, 광인, 환자, 죄수, 노동자, 학생 등의 모든 개체를 대상으로 삼을 수 있다. 자발적으로 정상/비정상, 이성/비이성을 구분하고, 정상과 이성은 끊임

없이 비정상과 비이성의 세계에 감시의 시선을 던지며, 비정상과 비이성의 세계는 스스로 부여한 교정 체계를 통해 정상으로의 진입을 꿈꾸게 한다.

이제 이 장치의 사회적 확대를 통해 푸코의 분석은 완성된다.

▎나오며

역시 다음 그림들을 인터넷에서 한 번 찾아보고 본론으로 들어가자. "소년 소녀의 신속한 교정을 위한 증기기계"(18세기말 판화)와 N. 앤드리의 "정형술, 또는 유아 신체의 기형을 예방하고 교정하는 기술"(1749)

이 그림들이 보여주는 것은 무엇일까? 18세기 사람들은 아이 교육에 관심이 많았다는 거? 그럴 수도 있겠다. 좀 더 생각해 보자. 푸코라면 그림을 보며 무슨 말을 하고 싶었을까, 하고 상상해 보는 건 어떨까?

서구의 역사에서 근대는 계몽이란 이름으로 다가온다. 또 계몽은 진리를 통해 인간의 자유를 확장하는 것이란 믿음으로 다가온다. 하지만 푸코는 그렇게 생각하지 않는다. 계몽이란 흐름이 어떤 지식 체계를 통해 구체적으로 인간에게 작동하는지를 묻고, 그 결과 스스로를 자유로운 주체라고 여기던 우리에게 어쩌면 우리는 계몽이란 지식-권력의 작동에 의해 생산된 주체인 것은 아닌가, 하고 반문한다. 즉 지식-권력의 작용을 통해 정상과 비정상을 엄격히 구분하고, 신체에 직접 새겨지는 권력의 의지와 이 과정을 감시하는 체계의 완성을 통해 권력의 의지에 따라 행위하고 말하는 인간으로 제작되는 것은 아닐까, 하고 반문하는 것. 위 그림들은 그 사실을 상징적으로 보여준다. 아직 미완성인, 합리적 판단력을 갖추지 못한 아이는 뿔 달린 악마로 표현되고, 휘어진 나무 역시 비정상으로 판정된다.

이제 자동으로 교정하는 시스템이 구축된다.

사람들은 흔히 생각한다. 민주주의 사회에서 자신의 권리를 지키고, 기계적 삶이 아닌 삶을 살기 위해선 투표만 잘하면 된다고. 이 정치인을 저 정치인으로 바꾸면 문제가 해결된다고. 푸코가 마르크스주의나 자유주의 등 기존 권력에 대한 설명을 난감해 하는 것도 바로 이 부분이다. 권력을 단순히 경제적 지배력의 문제, 정치적 지배력의 문제로만 본다면 자율적인 투표권을 확보하고 정당한 투표를 통해 정당한 정치, 경제적 권력 주체를 해결하면 우리는 모든 억압에서 벗어나 자율적 주체로 살 수 있을 거다. 하지만 권력은 그렇게 단순하게 작동하지 않는다. 시간과 공간에 대한 설명과 통제를 통해, 삶의 구조 자체를 형성하면서

집요하게 우리의 삶을 통제하고 훈육한다는 것이다.

그러면 도대체 어쩌라는 걸까?

푸코는 서구의 근대가 가장 자랑스럽게 내세웠던 '주체적 자아'란 개념이 허구일 수도 있다는, 권력의 잘 짜여진 각본에 따라 생산되고 통제되는 것일 수 있다는 충격적인 말을 던지고 입을 다물어버린다. 푸코가 주는 의미를 생각해 보기 위해 잠시 영화 한 편을 감상하기로 하자.

찰리 채플린의 〈모던 타임스 *Modern Times*〉에서 우리는 푸코의 가설들이 푸코보다 훨씬 이른 시기에 천재적인 영화인에 의해 영상으로 형상화된 것을 보게 된다.

그 영화에서 너무도 유명한 컨베이어 벨트 장면을 보자. 채플린은 컨베이어 벨트를 따라 흘러가는 기계에 너트를 조인다. 벌이 눈앞에서 뱅뱅 돌며 그를 위협해도 쫓을 수도, 피할 수도 없다. 그러다간 어느새 조여야 할 기계는 저만큼 지나가버리기 때문이다. 동료와 다투는 것도 기계에 매여 있다. 그리고 점심시간. 기계는 멈춘다. 그러나 채플린의 손은 멈추질 않는다. 그의 빈손은 계속 너트를 조인다. 덕분에 동료의 수프를 다 쏟고 양팔을 겨드랑이에 쑤셔 넣고 머리를 흔들어 대고서야 제멋대로 움직이는 손을 겨우 멈춘다. 의식의 통제를 벗어난 채 무의식적으로 작동하는 손. 거기서 손을 움직이는 의지는 채플린의 것이 아니라 자본가의 것이다. 이것이야 말로 푸코가 말하는 생체 권력이 아니고 무엇이겠는가? 그러나 채플린은 권력에 의해 각인된 생체 코드를 몸에 지니고 권력이 심어준 환상 속에 안주하지 않는다.

채플린은 영화 전체에 걸쳐 언제나 경찰과 대립하고, 수없이 경찰에 잡혀간다. 영화 속 그의 활동 공간은 병원, 감옥, 공장, 거리, 집이다. 바로 근대라는 권력이 근대인들을 길들이려고 하는 장소들. 하지만 채플린은 그 모든 곳에서 충돌을 일으킨다. 그 어느 곳에도 머물지 않고, 그 어떠한 질서에도 편입되지 않는 것. 그는 '권력의 시도'—그에게 근대의 질서를 내재화시키려는—를 가볍게 비웃으며 근대적 가치와 질서 사이를 누빈다. 한 점 망설임 없이 언제나 웃으면서. 영화의 끝에 채플린은 소녀와 함께 길을 떠난다. 또 다른 탈주의 길을.

'우리가 자발적으로 지켜나가는 듯이 보이는 근대적 일상이 사실은 지배 권력이 근대적 주체를 재생산하는 총체적 전략이나 효과'라면 진정 자율적 주체로 살기 위해서는 우리의 신체와 정신에 가해지는 지배 권력의 의도를 보다 예민하게 파악하고 우리의 일상 행위들에서부터 권력의 감시망에 저항해 나가야 한다. 국가 권력과 정치 권력의 힘 관계를 바꾸는 전략 못지않게 일상의 주도권을 자기 것으로 되찾는 일. 즉 삶의 구조, 삶의 형식을 바꾸는 작업을 수행하는 것. 이런 사람들의 안정적 관계를 통해 권력에 대항하는 안정적 진지를 구축하는 것. 이것이 푸코가 끔찍이도 두꺼운 분석의 과정을 통해 하고 싶은 말인 듯하다. 다시 말해 개인들을 일정한 구조 속에 배치하는 경계를 비판적으로 검토하며 새로운 자유의 영역을 모색하는 것!

실전 연습문제

다음의 제시문을 유기적으로 연결하여, 오늘 우리가 안고 있는 문제를 구체적으로 지적하고, 바람직한 사회의 상이 무엇인지, 그리고 그에 이를 수 있는 방안이 무엇인지 논술하라.

(가)

십여 년 전 로마에서 있었던 일이다. 어느 더운 여름날 저녁 버스를 타고 귀가하게 되었다. 저녁 늦은 시간이었기 때문에 버스에는 승객들이 거의 없었고, 終點에서 탔기 때문에 자리에 앉아 出發을 기다리고 있었다. 그런데 白髮의 노인이 지팡이와 꽤 무거워 보이는 書類 가방을 들고 버스에 오르고 있었다. 매우 年老해서 그런지 힘겨워하는 것 같아, 마침 문 옆의 자리에 앉아 있던 나는 그가 乘車하는 것을 도와주었다. 그는 매우 고마워하면서 자리가 많이 비어 있었지만, 내 옆 자리에 앉아 대화를 나누기 시작했다. 외국인들에게 하는 흔한 질문이지만 "어디에서 왔느냐?", "로마 생활이 어떠냐?" 등에 대해서 몇 마디 나누는 새에 버스가 출발했다.

한여름 저녁이어서 버스는 창을 열어놓은 채로 달렸고, 바람 소리와 일부 창문이 떨리는 소리가 좀 소란스럽게 들릴 수 있었다. 노인은 騷音에 유난히 敏感한지 갑자기 神經이 날카로워져 버스 창문을 제대로 整備하지 않아서 그렇다고 마구 非難하기 시작했다. 급기야는 모든 소음에 대해 불만을 털어놓기 시작했고, 그 불만의 불똥은 로마에 거주하는 필리핀 사람들에게까지 튀었다.

"갑자기 웬 필리핀 사람?"이라고 의아해 할 독자들이 있을 것 같아 간단히 '필리핀 노동자 이민'에 대해 설명하고 넘어가자. 1970~80년대에 이탈리아에는 해외 노동자가 급격히 增加했다. 주로 아랍권과 동남아시아에서 移民을 많이 왔는데, 그 가운데서 필리핀 노동자가 다수를 차지했다. 특히 로마, 밀라노 등 대도시에는 産業 노동자 외에도 이른바 콜프(COLF, 이탈리아 약어로 '가사 협조자'라는 뜻)라는 '점잖은' 표현의 家政婦, 派出婦, 庭園師, 修理工들이 많았다. 1980년대 말에는 이미 그 數字가 너무 늘어 사회적 이슈가 되기도 했다.

유럽 도시들의 共通點이지만 평일 저녁 9시 이후에는 시내에서 移動하는 인구가 별로 없다. 특히 大衆交通을 이용하는 인구는 급격히 줄어든다. 그래서 로마에서 저녁이나 밤에 버스를 타보면 손님들 다수가 외국인들이다. 그들은 당연히 각자 자기 나라 말로 대화를 나눈다. 그래서 필리핀 사람들끼리 차 안에서 떠드는 소리가 소음으로 들리기도 하는데, 노인의 불만 토로의 불똥은 바로 여기에 튄 것이다.

그는 公共場所에서 외국 이민자들의 형편없는 매너가 거의 野蠻的 수준이라고 비판하더니, 필리핀 말의 淺薄性이라는 근거도 없는 비난에까지 이르렀다. 그러다가 한순간 내가 동양인이라는 것을 의식했던지 奸邪스럽게도 "아, 한국어는 틀림없이 아름다울 것"이라고 아부를 하는 것이었다.

그래서 나는 "영화 이야기 하나 할까요?"라고 했다. 이런 엉뚱한 말에 노인은 어안이 벙벙한 듯했다. 나는 그의 대답을 기다리지 않고 이야기를 시작했다. "언젠가 우리나라에서 친구들과 외국 영화를 한 편 보았지요. 영화를 무척 좋아하는 편인데도 제 인생에서 처음으로 영화를 다 보지 못하고 영화관을 나오고 말았습니다. 影像美와 줄거리는 興味로웠는데, 영화 속 대사가 단순히 떠드는 소리가 아니라 소음으로 들려서 도저히 앉아 있을 수가 없었습니다. 제 친구들에게도 마찬가지였기에 우리는 영화관을 나가기로 결정했지요. 그때 영화 속 대사가 어느 나라 말인지 아십니까? 후에 안 일이지만 바로 이탈리아어였지요."

노인은 뒤통수를 한 대 맞은 것 같은 表情이었다. 나는 담담히 계속했다. "하지만 그 후로 이탈리아어를 알게 되고 일상적으로 사용하게 되면서, 그 말의 아름다움을 느끼게 되었습니다. 그리고 가장 音樂的 톤에 가까운 언어라는 것도 알게 되었지요. 어르신께서 필리핀어를 아시고, 대화 내용을 이해하신다면 그 말도 소음으로 들리지 않겠지요. 말을 모르고 對話 內容의 의미가 전달되지 않기 때문에 소음으로 들리는 것이라고 생각하지 않으십니까? 그리고 한국어가 아름다울 것이라고 하셨는데, 音韻 構造上 어쩌면 필리핀어보다 더 거셀지도 모릅니다.”

노인은 할 말을 잊은 모양이었다. 그러는 사이 내가 내릴 停留場에 버스가 도착했는데, 노인도 그곳에서 내린다고 했다. 정류장 옆에는 마침 멋진 露天 카페가 있었고 노인은 시원한 음료수를 한 잔 사겠다고 했다. 자리에 앉은 그는 “좋은 것 배웠다”고 했다. 사실 그는 버스를 더 타고 갔어야 했다. 하지만 나와 대화를 나누고 싶었던 것이다. 노인은 열린 마음을 되찾은 것이다. 그리고 진심으로 感謝하고 싶었던 것이다.

— 김용석 〈일상의 발견〉

(나)

제레미 벤덤의 판옵티콘 도면(인터넷 참고)

(다)

숲을 멀리서 바라보고 있을 때는 몰랐다

나무와 나무가 모여

어깨와 어깨를 대고

숲을 이루는 줄 알았다

나무와 나무 사이

넓거나 좁은 間隔이 있다는 걸

생각하지 못했다

벌어질 대로 벌어진,

한데 붙으면 도저히 안 되는,

기어이 떨어져 서 있어야 하는,

나무와 나무 사이

그 間隔과 間隔이 모여

울울창창(鬱鬱蒼蒼) 숲을 이룬다는 것을

산불이 휩쓸고 지나간

숲에 들어가 보고서야 알았다

—안도현 '間隔' 全文

(라)

드라마 〈대장금〉의 어느 에피소드들은 省察에 관한 하나의 智慧를 보여준다.

宮에서 '의녀 수련'을 받게 된 '장금'은 患者 診療 實習 科程에서 자신의 失手를 통해 중요한 지혜를 터득한다. 擔當 敎授인 신익필의 指示에 따라 세 명의 환자 狀態를 살펴본 후 그녀는 어렵지 않게 疾患의 性格과 處方을 내린다. 그러나 신 교수의 '冷待'와, 診斷에 쩔쩔매는 同僚 修練生

‘신비’의 態度, 왜 그 질문이 필요한지도 판단하지 못하면서 끊임없이 환자에게 이것저것을 물어대는 모습에서 그녀는 중요한 사실을 발견한다. 이 ‘서투름’이 의사와 환자 사이의 대화의 障壁을 가로지르는 可能性임을 깨달은 것이다.

환자 세 명 중 첫 번째와 두 번째는 같은 질환을 앓고 있지만 병의 원인은 전혀 달랐기 때문에 처방이 다를 수밖에 없었고(同病異治), 세 번째 환자는 앞의 둘과는 다른 질병을 앓고 있었지만 원인은 첫 번째 환자와 같았기에 첫 번째와 동일한 방식의 처방이 필요하다는 것(異病同治).

결국 장금은 다른 수련생을 壓倒하는 자신의 知識 때문에 환자와 대화하지 못했다. 觀形察色만으로도 환자의 상태에 대해 훤히 알고 있다고 確信하기에 더 많은 것을 묻는 것은 불필요했다. 장금에게 觀形察色에 의해 환자의 상태를 判斷하게 하는 지식은 환자를 읽는 장금의 認識 코드였다. 이때 환자의 의사 간의 관계에서 환자 자신의 經驗은 의사인 장금의 인식 코드에 의해서만 再現된다. 그리고 이러한 재현은 결국 잘못되었음이 밝혀진 것이다. 동병이치와 이병동치의 발견은 장금의 의료 지식을 통한 재현의 誤謬를 立證시켰고, 이는 장금의 지식이 환자와의 대화를 妨害했던 데 起因한다.

드라마 〈대장금〉의 에피소드를 하나 더 보자. 신익필 교수는 ‘藥材’와 ‘毒材’를 쓰라는 試驗에서 마치 교과서 같이 명쾌하게 分類 整理한 장금의 답안지에 落第 점수를 준다. 장금이 나중에 재시험에서 깨달은 사실은 藥材와 毒材는 미리 결정될 수 있는 게 아니라는 점이었다. 일반적으로 알려진 效能이 훌륭한 것이라 하더라도, 알맞게 사용하지 않으면 毒材가 될 수 있는 반면, 毒材 또한 적절하게만 사용한다면 藥材가 될 수 있다는 것이다. 의미는 미리 결정되는 것이 아니라, 주변 脈絡과의 配置 관계에 따른 일시적인 효과라는 얘기일 것이다.

— 김진호 '낯설음에 대한 은폐된 폭력', 〈우리 안의 이분법〉

미국에서 1억부 이상 판매된 기적의 논술가이드
클리프노트가 한국에 상륙했다!!

방대한 고전을 하루만에 독파하는 스피드

다락원 명작노트 **CliffsNotes™** 시리즈는

▶ 미국대학위원회, 서울대, 연·고대 추천 고전을 알기 쉽게 재구성한 대한민국 대표 논술교과서입니다. ▶ 작품의 핵심내용과 사상, 역사적 배경, 심볼, 작가의 의도 등을 명확하게 정리하여 방대한 원작을 쉽고 빠르게 이해할 수 있게 해줍니다. ▶ 미국에서 리포트, 논술용으로 1억 부 이상 팔린 초베스트셀러의 명성에 비평적 사고와 논리적 글쓰기의 모델을 제시하는 〈一以貫之〉의 논술 노트를 통해 사고 능력, 읽기 능력, 쓰기 능력을 체계적으로 길러줍니다.

★ 〈一以貫之〉 논술연구모임: 대입 논술이 시작될 때부터 학원과 학교에서 논술을 가르쳐온 전문가들의 모임입니다. 현재 서울·분당·평촌·인천·광주·부산·울산 등의 유명 학원과 고등학교의 논술강의 현장에서 학생들이 '자신의 물음'과 '자신의 생각'을 갖고 '자신의 글'을 쓸 수 있도록 도와주고 있습니다.

다락원 명작노트 CliffsNotes™ 시리즈 50권 출간

001 걸리버 여행기   002 동물농장   003 허클베리 핀의 모험   004 호밀밭의 파수꾼   005 구약 성서

006 신약 성서   007 분노의 포도   008 빌러비드   009 이반 데니소비치의 하루   010 카라마조프 가의 형제들

011 순수의 시대   012 안나 카레니나   013 멋진 신세계   014 캉디드   015 캔터베리 이야기   016 죄와 벌

017 크루서블   018 몽테크리스토 백작   019 데이비드 코퍼필드   020 프랑켄슈타인   021 신곡

022 막대한 유산   023 햄릿   024 어둠의 심연 外   025 일리아드   026 진지함의 중요성   027 제인 에어

028 앵무새 죽이기   029 리어 왕   030 파리대왕   031 맥베스   032 보바리 부인   033 모비딕

034 오디세이   035 노인과 바다   036 오셀로   037 젊은 예술가의 초상   038 주홍 글씨   039 테스

040 월든   041 워더링 하이츠   042 레미제라블   043 오만과 편견   044 올리버 트위스트   045 돈키호테

046 1984년   047 이방인   048 율리시스   049 실낙원   050·위대한 개츠비